CAEN

ET SES ALENTOURS

LES BAINS DE MER

DE LA

CÔTE DE CAEN

LION   LUC   LANGRUNE

SAINT - AUBIN

SEULLES

LE LONG DE LA COTE EN 1891

REVUE ANNUELLE

Je publie, depuis quelques années déjà, en tête des éditions annuelles de mes guides « *Bains de mer* », cette revue où je signale les changements intéressants qui se sont produits dans les localités décrites dans ces publications.

Je m'attache à rappeler, dans ces quelques pages, les événements dignes d'être notés ; j'y dis autant que possible, à côté des résultats acquis, des améliorations réalisées, les projets qui chaque année surgissent dans le but d'améliorer, de développer, d'embellir, les diverses stations échelonnées tout le long de nos côtes normandes et bretonnes.

Je cherche à renseigner, aussi exactement que possible, mes lecteurs sur les variations — souvent très rapides, très imprévues, très considérables — qui se produisent, d'une saison à l'autre, dans la valeur des terrains et des propriétés bâties des stations balnéaires.

J'organise en ce moment un service de renseignements qui me permettra, dès l'année prochaine, — dans les éditions qui paraîtront au mois de mai 1893 — de guider *très exactement* ceux qui consultent mes guides, dans le choix de l'hôtel, de la villa où ils iront passer la belle saison au bord de la mer.

Mais les renseignements que je donne, et qui doivent toujours être très exacts, sont souvent fort difficiles à obtenir ; j'accueillerai donc volontiers ceux que voudront bien me communiquer, en les appuyant de preuves suffisantes, tous ceux, membres des administrations municipales, propriétaires de terrains et villas, administrateurs et exploitants des grands établissements — hôtels, bains, Casinos, etc. — qui sont intéressés au développement et à l'accroissement de nos belles plages de la Normandie et de la Bretagne.

L'année dernière j'avais dû, quoique à regret, appeler l'attention des touristes sur les quelques cas de typhus qui, à la fin de 1891, s'étaient produits à Trouville et aux environs. La fin cruelle et foudroyante de Mme Samary, la toute rieuse et toute charmante sociétaire de la Comédie-Française avait attiré l'attention du grand public sur les conditions sanitaires de ces agglomérations, trop vite créées, trop vite grandies, pas du tout ou fort incomplètement munies des installations nécessaires pour donner à leur population estivale la certitude qu'elle y trouvera le grand air pur et réconfortant, l'atmosphère revivifiante, la vigueur et la santé qu'elle va chercher.

Trop souvent, dans ces villes de bains qui ont si rapidement surgi des sables, les administrations municipales, arrêtées par l'avarice des habitants, leurs électeurs, — âpres à recueillir les gros bénéfices que leur assure l'affluence toujours croissante des baigneurs, mais réfractaires en diable aux dépenses communes nécessaires — ne peuvent exécuter les travaux les plus urgents pour assurer la salubrité du pays. Certes on ouvre des boulevards magnifiques, de larges rues, certes on bâtit des villas élégantes; des hôtels grandioses, des casinos somptueux; tout ce que l'on peut voir est fort paré, très attirant. Mais presque partout, malheureusement, l'eau manque ou bien elle est malsaine, mais partout les égouts n'existent pas ou sont à l'état rudimentaire, nulle part la vidange des eaux ménagères, des matières fécales, l'enlèvement des débris, des détritus, ne sont assurés dans des conditions rationnelles. De là découlent bien des inconvénients graves, des dangers réels.

Et voici que nous sommes menacés d'une épidémie cholérique ; quelques cas se sont produits dans la banlieue de Paris, à Chartres, ailleurs encore, on va s'enfuir des lieux contaminés. Qu'avez-vous fait, messieurs les édiles de nos stations balnéaires, pour garantir de la terrible maladie et vos administrés et les baigneurs qui, chaque saison, leur apportent la fortune ?

Sur le littoral méditerranéen avez-vous vus ces magnifiques stations hivernales, avez-vous étudié leurs installations, avez-vous visité ces hôtels si parfaitement aménagés, auxquels la Société d'hygiène, créée par nos voisins les Anglais — gens pratiques et grands touristes — a décerné des brevets de salubrité? Ne serait-il pas prudent et utile, patriotique même, que, nous aussi, nous créions une Association nationale, laquelle, avec autorité, nous dirait : ici vous pouvez venir, tout ce qui est utile pour assurer la salubrité du pays, la santé des habitants, a été fait, bien fait par nous-mêmes, aussi bien, sinon mieux, que par les Anglais ; ici l'air n'est souillé, par aucune impureté ; ici l'eau est pure, abondante, bien filtrée ; ici les eaux ménagères, les vidanges, les détritus sont rapidement et soigneusement enlevés, les fosses, les égouts sont hermétiquement clos, ici vous trouverez réunies toutes les conditions lès plus parfaites de l'hygiène, ici vous vivrez heureux, sans souci, sans aucune crainte

Et les attestations de cette Association nous laisseraient certainement moins incrédules que les communiqués à la presse de M. le Maire de Trouville.

Partout, sur tous les murs, sur toutes les palissades, dans toutes les gares de chemin de fer, partout où on peut les voir, s'étalent grandes, immenses, criardes, les multicolores affiches de nos stations balnéaires. La mode est à la chromo-lithographie; pour attirer le regard il faut des images coloriées, soit; mais, pour Dieu, donnez-nous donc, messieurs, des dessins qui ne nous rappellent pas trop ces horribles images d'Epinal qui faisaient — ? — la joie de notre enfance. Vous voulez que nous allions chez vous — pas chez votre voisin — ; montrez-nous vos belles plages telles qu'elles sont ; n'affichez pas, comme Cabourg, d'immenses bâtisses toutes jaunes au bord d'une mer du plus beau vert épinard, ne faites pas comme ce *propriétaire* du principal hôtel de Paramé qui, d'un coup d'une magique baguette, a enlevé l'important bâtiment, lui a fait décrire un demi-tour à gauche et à transporté au bord de la plage — supprimant l'énorme digue — le jardin qui s'étend derrière l'hôtel ; c'est un véritable tour de passe-passe, Monsieur Parent, permettez-moi cependant de ne pas vous en adresser mes plus vives félicitations.

Allons, messieurs, puisque dans la lutte pour la vie et *pour l'argent* vous devez appeler à vous le public, faites, si vous le voulez, de la bonne et utile réclame, faites-en même beaucoup, — je n'y contredis pas, puisque j'en suis marchand — mais, de grâce, évitez ce *puffisme* ridicule et absurde.

Malgré la période favorable que nous traversons, malgré les hauts cours de la rente et des bonnes valeurs qui donnent aux capitaux un si faible revenu, on achète peu de terrains, on ne bâtit pas beaucoup au bord de la Manche. Les prix des terrains sont trop élevés et les détenteurs ont tort, à mon humble avis, de se montrer si exigeants. Ils devraient savoir faire des concessions intelligentes qui provoqueraient certainement une reprise sérieuse. Pendant la longue crise qui a sévi de 1882 à 1889, la valeur des terrains et des propriétés bâties, dans les stations balnéaires a subi une dépréciation tellement forte que le public, quoiqu'on puisse lui dire, reste défiant. Pour le ramener, l'entraîner, il faut lui offrir terrains et villas à des prix doux qui lui laissent, en compensation des pertes possibles, une large chance de gros gains.

**

Courons rapidement, du Havre jusqu'à cap Fréhel, le long du littoral.

A Sainte-Adresse, à la Côte, rien à vous signaler; calme plat.

A Frascati, si admirablement placé à l'entrée de notre grand port de commerce, se porte, comme d'habitude, la foule des baigneurs élégants. C'est une véritable fête de passer quelques heureuses journées dans ces magnifiques établissements où l'on trouve bonne table, bon gîte, société charmante, concerts, bals, cercles, tout ce qui peut contribuer à rendre la vie douce. L'habile directeur de Frascati, toujours désireux de donner à ses clients des plaisirs nouveaux, a fait, cette année, construire une très coquette salle de spectacle où, plusieurs fois par semaine, une excellente troupe donne des représentations qui attirent la foule.

Je ne sais rien de Villerville.

Hennequeville est encore haut perchée sur sa croulante falaise.

A Trouville, l'hôtel de Paris reste le centre favori des grandes élégances; on retrouve, autour des tables de son beau restaurant qui domine la plage, toutes les célébrités du grand monde parisien et des riches colonies étrangères.

Tout au bout de la plage, au pied de la falaise, la jetée-promenade est en partie terminée et les bateaux à vapeur du Havre y aborderont, de deux voyages l'un, à partir du 1ᵉʳ août. Il sera difficile, ici comme à l'hôtel des Roches-Noires, d'attirer le public qui, longtemps encore, restera groupé à l'autre extrémité de la plage.

A Deauville toujours, sauf pendant la semaine des courses, le même silence, la même solitude.

De Villers-sur-Mer, de Houlgate, de Beuzeval, je n'ai rien à vous dire.

A Cabourg, M. G. Masson, après un essai qui a duré trois années, a renoncé à son droit au bail du Grand-Hôtel et du Casino; il n'y avait sans doute pas trouvé le succès sur lequel il comptait. Les nouveaux propriétaires de ces établissements ont, me dit-on, remué pas mal de moellons. Je leur souhaite bon succès ; cependant je retrouve là, comme directeur, un homme qui n'a pas fait bail avec la chance.

Rien de neuf aux bains de mer de la côte de Caen où vont toujours, le dimanche, les habitants de la préfecture du Calvados.

A Granville aussi, rien de nouveau, si ce n'est une étonnante affiche du Casino qui nous montre, perchée sur une haute banquette une grande et vilaine femme qui s'abrite contre la pluie — est-ce bien de la pluie ? — derrière je ne sais quoi, peut-être ses jupes soulevées par le vent.

Passons sans nous y arrêter à Paramé dont je regrette de n'avoir rien à vous dire, où rien de sérieux n'est tenté pour relever cette station qui avait été d'abord si bien lancée par ses puissants créateurs, mais qui, depuis quelques années, subit de bien pénibles alternatives ; passons aussi rapidement à Saint-Malo, la curieuse ville bretonne resserrée dans ces vieilles murailles, et hâtons-nous de traverser la Rance, d'arriver à Dinard.

Nous voici enfin sur cette magnifique plage, en face du Casino que dirige si sagement M. Rival, de cet Hôtel des Terrasses si admirablement placé, si luxueusement installé, si habilement administré ! Son

succès, dès l'ouverture, il y a quatre ans, a été immédiat ; depuis il s'est toujours accentué ; il est, du reste, parfaitement justifié. Cette excellente maison possède aujourd'hui une brillante et aristocratique clientèle qui aime à s y retrouver chaque année ; c'est là qu'a résidé, l'été dernier, le Grand-Duc Michel de Russie. L'Hôtel des Terrasses est le seul de Dinard, qui soit construit tout au bord de la grève, et tous, quand nous allons à la mer, nous voulons habiter tout auprès de ces plages si charmantes, où nous trouvons ce repos si complet, si doux, cet oubli absolu des exigences, des soucis, de l'agitation perpétuelle de la vie outrancière de nos grandes cités,

A Saint-Lunaire peu ou pas de changements, des projets, qui se réaliseront peut-être? A Longchamps toujours la solitude, des grèves, une grande plage désertes ; à Saint-Briac on continue à potiner sur les plages en très petit comité.

Nous voici au terme de notre rapide excursion ; nous arrivons à La Garde-Saint-Cast. Cette charmante petite station balnéaire bien plantée au milieu du long promontoire qui se prolonge jusqu'au cap Fréhel, continue à se développer sagement ; son créateur, M. Marinier, y consacre son temps, son activité, son intelligence ; il voit avec joie croître, se développer, les plantations dont il a couvert ses terrains jusqu'au bord même de la plage ; elle leur font déjà un splendide manteau de riches verdures. On a bâti là quelques belles villas ; l'hôtel, ouvert il y a trois ans, je crois, est fort bien tenu ; au fort de la saison vous trouverez difficilement à vous y loger. Saint-Cast deviendra certainement une plage très fréquentée.

G. S.

GUIDES ARTISTIQUES SIMONS

Aux Eaux, à la Mer, au Soleil

CAEN

ET SES ALENTOURS

LES BAINS DE MER DE LA COTE DE CAEN

PAR

GUSTAVE SIMONS

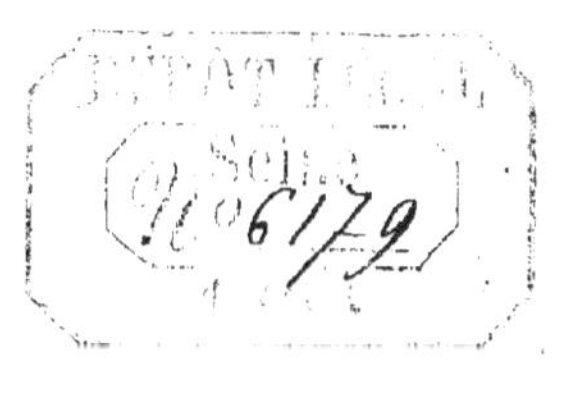

PARIS

E. DENTU, ÉDITEUR

LIBRAIRE DE LA SOCIÉTÉ DES GENS DE LETTRES

3, PLACE DE VALOIS, PALAIS-ROYAL

CHAPITRE PREMIER

CAEN

Nous voici donc arrivés dans cette ville si curieuse, si digne d'être vue, d'être étudiée, qui fut fondée, au XIe siècle, par le fils du Duc Robert-le-Magnifique et de la pelletière

Arlette, Guillaume le Bâtard, et par sa femme, Mahaud de
Flandre; dans cette ville où vécut Lanfranc, l'ancien Prieur
du Bec, le premier Abbé de Saint-Étienne, qui avait su,
à cette époque reculée, obscure, troublée, s'entourer d'une
foule d'hommes avides d'apprendre, et qui fit de la ville
nouvelle un centre de sciences et d'instruction qui subsiste
toujours.

Guillaume, le grand Duc Normand qui venait de conqué-
rir l'Angleterre, fit bientôt de sa ville de Caen une puissante
cité; il y bâtit le château, dans lequel il éleva un magnifique palais où il aimait à résider avec sa famille, et où il
fixa le siège de l'échiquier; il y édifia les deux magnifiques
Abbayes bénédictines de Saint-Étienne et de la Sainte-Trinité, l'Abbaye-aux-Hommes et l'Abbaye-aux-Dames, qu'il
dota richement; il y construisit des hôpitaux, auxquels il
attribua de gros revenus.

Cette belle partie de la France que je vous montre ici, que
je voudrais vous faire aimer et admirer comme je l'aime et
l'admire, avait été, aux viiie et ixe siècles, ruinée et pillée
par les envahisseurs saxons et normands; tous ses monuments avaient été détruits. « Au Nord-Ouest de la France—
dit Viollet-le-Duc, — les monuments qui existaient avant
l'invasion des Normands ne nous sont pas connus, les incursions de Danois ne laissaient rien debout derrière elles; mais
bientôt établis sur le sol, ces barbares deviennent de hardis
et actifs constructeurs. Dans l'espace d'un siècle et demi, ils
couvrent le pays, sur lequel ils ont définitivement pris terre,
d'édifices religieux, monastiques ou civils, d'une étendue et
d'une richesse peu communes alors. Il est difficile de sup-
poser que les Normands aient apporté de Norwège des
éléments d'art; mais ils étaient possédés d'un esprit persis-
tant, pénétrant; leur force brutale ne manquait pas de gran-

deur. Conquérants, ils élèvent des châteaux pour assurer leur domination; ils reconnaissent bientôt la force morale du clergé, et ils le dotent richement. Pressés d'ailleurs d'atteindre le but, lorsqu'ils l'ont entrevu, ils ne laissent aucune de leurs entreprises inachevée, et en cela ils différaient complètement des peuples méridionaux de la Gaule; tenaces, ils étaient les seuls peut-être, parmi les barbares établis en France, qui eussent des idées d'ordre, les seuls qui sussent conserver leurs conquêtes et composer un État. Ils durent trouver les restes des arts carlovingiens sur le territoire où ils s'implantèrent; ils y mêlèrent leur génie national, positif, grand, quelque peu sauvage, et délié cependant. »

Parmi les monuments que nous allons voir à Caen, ceux élevés aux XIe et XIIe siècles par les Normands sont des types achevés et parfaits de ce style spécial auquel on a donné le nom d'architecture romano-normande, si remarquable par sa puissance, la grandeur, la beauté et la simplicité de ses grandes lignes, par la sobriété de son ornementation, par la netteté, la délicatesse et l'élégance des profils de ses membres moulurés. En Normandie, la sculpture gréco-romaine ou romaine n'avait laissé aucune trace, aucun modèle; tous les motifs de décoration de son architecture à l'époque romane sont empruntés à ces riches galons, à ces brillantes étoffes du Levant que les aventuriers normands rapportaient alors de leurs incursions en Sicile et sur les bords de la Méditerranée. Sur les moulures des bandeaux, des archivoltes, des corniches des édifices qu'ils ont élevés dans la Basse-Normandie, vous ne verrez que des ornements de forme géométrique, dents de scie, bâtons rompus, billettes, bezants, etc.

L'art architectural a eu, dans la capitale de la Normandie occidentale, deux grandes périodes de production: celle des XIe et XIIe siècles, qui a produit ces monuments romans dont je viens de vous parler, et celle du xvi⁰ siècle, pendant laquelle les riches bourgeois caennais et leurs habiles architectes ont élevé ces remarquables édifices de la Renaissance que vous visiterez tout à l'heure; elles ont, toutes deux, leurs caractères personnels, leur particularisme bien accusé, et sont fort intéressantes à étudier. Une circonstance locale a du reste favorisé le développement de l'art statuaire et de la sculpture monumentale à Caen : c'est cette belle pierre calcaire, au grain si fin, si facile à travailler, et cependant si résistante, que l'on trouve abondamment, mais tout à fait localisée, dans les carrières qui environnent la ville.

Pendant la Renaissance, Caen a été un véritable centre d'art, et son influence a été considérable sur toute la Normandie; elle s'est étendue jusqu'à Rouen, où vous avez vu des édifices de cette époque, remarquables mais empreints d'une originalité moindre, gracieux plutôt que puissants, magnifiques dans les détails mais ayant moins de style dans les grandes lignes.

A Caen, comme dans la plupart des villes de la Normandie, ces beaux hôtels de la Renaissance que l'on visite et que l'on admire ont été presque tous construits par des riches bourgeois, par des grands commerçants. Au xvi⁰ siècle, la noblesse, en province, vivait peu dans les villes fermées, les *Barons* résidaient au centre de leurs terres, dans leurs beaux châteaux, — vous en visiterez quelques-uns aux environs de Caen; — c'est là qu'ils vivaient lorsqu'ils n'étaient pas à la Cour où à la guerre. Dans les villes, habitaient des puissantes familles bourgeoises, amies des arts, qui s'étaient enrichies dans le grand commerce et dont quelques-unes avaient été anoblies par la faveur royale ; ce sont elles qui faisaient alors construire, dans les centres populeux, ces

beaux hôtels qui rivalisaient par leurs richesses et leur élégance avec les châteaux des grands Barons et qui, souvent
même, les surpassaient en splendeur. — A Caen, Étienne
Duval qui, en 1549, avait reçu de Henry II le titre de Sire
de Mondrainville, Nicolas le Valois, fils de ce Jean le Valois
auquel François Ier avait, en 1522, donné le titre de Seigneur
d'Écoville, faisaient édifier, dans la seconde moitié du
XVIe siècle, les beaux hôtels Renaissance de la Monnaie et
de la Bourse.

Les monuments de la capitale du Calvados ont été tout spécialement étudiés et admirablement décrits par Arcisse de Caumont, le fondateur de la Société Française d'Archéologie. —
C'est à Caen que cet éminent et persévérant archéologue,
grand initiateur et puissant vulgarisateur, vécut pendant de
longues années, écrivit ses remarquables ouvrages, et fonda
ces associations utiles qui lui ont survécu et se sont si puissamment développées; c'est à Caen qu'il parvint à réunir,
en 1834, le premier Congrès Archéologique de France, et
c'est dans cette ville aussi que ce Congrès tint, en 1883, sa
cinquantième session. — Dans le compte rendu des séances
de cette session, M. de Beaurepaire, secrétaire de la Société
Française d'Archéologie, a publié une étude sommaire, très
intéressante cependant, des monuments de Caen, à laquelle je
vais faire de nombreux emprunts; je ne puis trouver un
meilleur guide.

*
* *

Je ne veux pas vous raconter les grands faits historiques
qui ont marqué dans l'histoire de la ville de Caen, je veux
seulement vous rappeler qu'elle n'est pas une ancienne cité,
qu'elle ne doit sa fondation ni aux vieilles tribus gauloises ni
aux conquérants romains : la chronique de Normandie nous

dit qu'en 955 elle avait déjà une certaine importance ; on a retrouvé son nom dans une vieille charte de l'Abbaye de Fécamp portant la date de 1066 ; mais ses véritables fondateurs sont, je vous l'ai déjà dit, Guillaume le Bâtard et sa femme Mahaud. Je ne vous dirai pas les sièges que cette ville eut à soutenir, les pillages qu'elle eut à subir, la part qu'elle prit aux luttes sanglantes et incessantes qui divisèrent les héritiers du Conquérant et la famille des Plantagenet. A la fin du XIVe siècle, en 1370, Caen devint ville française ; en 1417 cependant, après une héroïque résistance, la ville retomba au pouvoir des Anglais, qui la gardèrent jusqu'en 1450 ; à cette époque elle capitula devant l'armée de Charles VII, et depuis lors elle n'a plus cessé d'appartenir à la France.

Au moyen-âge, la ville de Caen était riche et puissante ; elle était le centre d'un commerce important ; elle était peuplée de savants, d'artistes, d'hommes éminents. « Cette ville de Caen, — dit le sieur de Bras, *Recherches et antiquités de la ville de Caen,* — est, au jugement de chacun qui la voit et contemple, l'une des plus belles, spacieuses, plaisantes et délectables qu'on puisse regarder, soit en situation, structures de murailles, de temples, tours, pyramides, bastiments, hauts pavillons et édifices, grandes et larges rues, au nombre de 40, sans celles des fauxbourgs, accompagnée et embrassée, tant d'amont que d'aval, de deux amples et plaisantes prairies de largeur d'une demi-lieue et de longueur à perte de vue. »

Aujourd'hui Caen n'est plus une ville de guerre : à l'exception de son château, elle n'a rien, ou du moins presque rien conservé de sa vieille enceinte et des grosses tours qui la défendaient ; elle est une grande ville ouverte, un important port intérieur, une riche préfecture, une grande ville universitaire, très commerçante, très gaie, très animée, très progressive et aussi très savante. On peut toujours lui appliquer ces lignes de Mme de Sévigné : « Ce pays est très beau, et Caen la plus jolie ville, la plus avenante, la plus gaie, la mieux située, les plus belles rues, les plus beaux bâtiments, les plus belles églises; des prairies, des promenades, et enfin la source de tous nos plus beaux esprits. »

* *

Si je n'écoutais que mon instinct, mes goûts, je vous décrirais tous ces monuments remarquables dont la ville de Caen est illustrée, en suivant l'ordre des dates de leur construction; je vous montrerais d'abord ses grands et puissants édifices de l'art roman; je vous ferais voir ensuite toutes ses constructions si gracieuses, si élégantes, si bien ornées de l'époque de la Renaissance. — Mais vous êtes venus ici avec l'intention de n'y séjourner que peu de jours, et vous voulez certainement que je vous conduise dans la ville, vous montrant, alors que nous les rencontrerons, ses principaux édifices.

Prenons donc pour point de départ la *place Dauphine*, qui se trouve sur la rive gauche de l'Orne, et que vous avez traversée déjà en allant de la gare à votre hôtel; entrons dans la *rue Saint-Jean* : vous rencontrerez bientôt, à votre droite, *l'église Saint-Jean* dont la façade attirera votre attention. Si nous en croyons une vieille tradition que les Caennais aiment à rappeler, Saint Regnobert qui au VIIe siècle était évêque de Bayeux, fut le fondateur des quatre paroisses de Saint-Jean, l'église devant laquelle vous vous trouvez, de Saint-Pierre, que vous verrez tout à l'heure, de Notre-Dame-de-Froide-Rue et de Saint-Sauveur-du-Marché. Vous serez tout d'abord frappé par l'inclinaison effrayante de la tour du portail de Saint-Jean, lourde masse qui paraît avoir perdu son équilibre; veuillez aussi remarquer l'orientation anormale de cette église. C'est un édifice des XIVe et XVe siècles, qui présente des particularités intéressantes à signaler : les voûtes sont lourdes et basses, chose rare dans les églises ogivales; le chœur et l'abside sont sensiblement plus longs que la nef. Une belle tour centrale, commencée au XVIe siècle, est restée inachevée; elle devait former une lanterne qui aurait éclairé le centre de l'église, mais dont malheureusement les fenêtres ont été fermées. Vous verrez dans cette église quelques belles sculptures, entre autres les curieuses guirlandes de feuillage qui encadrent les fenêtres et sont supportées par des animaux bizarres qui paraissent sortir des murs et forment culs-de-lampe; vous remarquerez aussi, dans la chapelle de Saint-Honoré, patron des boulangers, les singuliers attributs sculptés, pains, pâtés, échaudés et instruments divers qui ornent cette chapelle. — En 1562, Coligny fit faire le prêche dans cette église par Théodore de Bèze, et « ce fut, — dit M. de Beaurepaire, — à la suite d'une messe qui y fut célébrée par son ancien curé, démissionnaire pour refus de serment, le vénérable abbé Busnel, que se produisirent, en 1791, les scènes sanglantes connues sous le nom d'*affaire du 5 novembre.* »

Vous entrerez dans la cour de la maison qui porte le n° 100 de la rue Saint-Jean, pour y voir quelques vestiges intéressants de l'*ancien hôtel d'Aubigny.*

Une vieille maison en bois du XVe siècle, avec étage en encorbellement, est intéressante, elle porte le n° 94. Dans la cour du n° 37, vous irez voir une maison du XVe siècle décorée d'ornements d'une grande délicatesse. La maison, n° 19, toujours dans la même rue, est une vieille construction en bois du XVIe siècle assez curieuse, mais qui est en artie cachée par une trop grande enseigne.

En poursuivant votre promenade, vous trouverez au bout
de la rue Saint-Jean, en face de la rue Neuve-Saint-Jean,
l'*impasse de Than*, au fond de laquelle s'ouvre l'*ancien hôtel de Than*, qui actuellement appartient à M. Collas. —
Cet hôtel a été construit au commencement du xvie siècle,
à peu près à la même époque que l'hôtel d'Ecoville; vous
y voyez un mélange singulier des styles gothique et de la
renaissance. Il est remarquablement conservé, et, en 1852,
il a été prudemment et sagement restauré. L'aspect des façades est vraiment monumental; les lucarnes, surtout celles
de la façade sur le boulevard Saint-Pierre, sont fort belles;
leurs pilastres sont richement ornés, chargés de moulures,
et elles se terminent en pinacles élancés; l'une d'elles, qui
porte, sculptée sur le tympan de son fronton, la Salamandre
de François Ier, est remarquable par la manière dont sont
combinés les ornements qui la surmontent. « On dirait, —
dit M. L. Palustre, — un de ces grands épis en faïence de
Manerbe, comme nous en avons encore vu à Lisieux et dans
d'autres villes de la Normandie. » A l'angle Nord du pignon
vous verrez une figure narquoise qui semble regarder l'hôtel d'Ecoville. « Voici, — dit M. Trébutien, — l'origine que
lui attribue la tradition populaire : les hôtels de Than et de
Valois furent bâtis en même temps; l'architecte de l'hôtel
de Than, devancé ou surpassé par l'autre dans son œuvre,
se vengea par cette étrange insulte. »

Vous voici à la place Saint-Pierre. Vous voyez devant vous
la magnifique abside Renaissance de l'*église Saint-Pierre*,
et, à votre gauche, la Bourse, l'*ancien hôtel d'Ecoville*. —
Les vieux plans de la ville de Caen, celui de Mérian par
exemple, nous montrent la rivière de l'Orne passant sur
l'emplacement actuel de la place et du boulevard Saint-
Pierre, au pied de l'abside de l'église, sous les anciens bâti-

ments de l'hôtel de ville, dont les constructions chevauchaient la rivière, puis entre les hôtels de Than et d'Ecoville. — Charles de Bourgueville, Sieur de Bras, nous décrit cette antique maison commune « de fort ancienne et admirable structure, de quatre *estages* en hauteur, en arcsboutans fondez dedans la *rivière* sur *pilotins*, laquelle flue par trois grandes arches ; et aux coings de cest édifice et maison sont quatre tours qui se joignent par carneaux, en l'une desquelles (qui faict le befroy) est posée la grosse orloge : ceste quelle maison, pont et rivière, séparent les deux costez de la ville, de façon que les quatre murailles d'icelle commencent, finissent et aboutissent sur ce pont, anciennement appelé de Darnetal, comme il se treuve par certaine chartre estant au matrologe où chartrier de la ville, de l'an 1365. »

Lorsque, en 1750, cette forteresse eut été démolie, la ville de Caen, qui avait acheté l'hôtel d'Ecoville, y tint ses assemblées jusqu'en 1790. Dans cet hôtel, que vous allez visiter, sont actuellement installés la Bourse et le tribunal de commerce ; il est *une des merveilles de la ville de Caen*. On dit généralement qu'il a été construit en 1538 ; c'est une erreur, car vous pouvez lire sur une des fenêtres de sa belle façade méridionale la date de 1535 ; sa construction a donc dû être entreprise quelques années plus tôt, vers 1531 ou 1532. — La longue façade extérieure qui se dresse en face de l'église Saint-Pierre a été complètement mutilée à l'époque de la Révolution, et n'offre plus rien qui soit digne d'être vu ; la grande porte d'entrée était surmontée d'une belle statue équestre en ronde bosse, qui représentait *le Fidèle de l'Apocalypse*, et au-dessous de laquelle on lisait l'inscription suivante « REX REGUM, DOMINUS DOMINANTIUM ». Cette statue, qui n'existe plus, avait fait donner à l'hôtel cons-

truit par Nicolas le Valois, Sieur d'Ecoville, le nom d'*hôtel du Grand Cheval*, sous lequel il était toujours désigné au siècle dernier.

Tout l'intérêt que présente ce bel hôtel est actuellement concentré dans la cour, qui a conservé intactes deux de ses belles façades, celle que, en entrant, vous voyez devant vous, et celle qui est à votre droite; les deux autres, indignement restaurées, ou plutôt mutilées, sont affreuses : tâchez de ne pas les voir.

La façade du fond de la cour, moins historiée que celle de droite, est cependant, pour moi, plus belle, plus architecturale; elle est absolument remarquable par l'agencement de ses grandes lignes et par sa distribution pittoresque.

La partie centrale, qui forme pavillon, percée, au milieu, de deux grandes fenêtres superposées, ornées de meneaux et encadrées par des colonnes d'ordre corinthien, porte, s'étalant magnifiquement sur sa haute toiture aiguë, la plus splendide lucarne que l'on puisse voir. Haute de six mètres cinquante centimètres, elle forme deux étages; elle est décorée d'arcades, de colonnes, d'entablements dans le goût du temps; on y voit de très belles sculptures, un bas-relief représentant *Apollon triomphant de Marsyas*, des personnages tenant des instruments de musique, et deux forgerons frappant sur une enclume. A droite de ce pavillon s'ouvre l'entrée principale, à laquelle on accède par un beau perron. Un très élégant escalier en spirale, placé en arrière de deux étages de loges, est couronné d'une tour circulaire, qui se termine par deux lanternes ajourées, superposées l'une au-dessus de l'autre. Ces lanternes, admirables de proportions, finement dessinées, s'élancent haut, sveltes et gracieuses, dominant toute cette partie de l'édifice; elles sont pittoresquement accompagnées, à droite, d'une petite tour à pans coupés, surmontée d'une sorte de petit temple monoptère où ne pouvait se cacher l'impudique statue du Priapo que l'on y avait placée. — Le corps de logis de droite est remarquable par la beauté des ornements et des sculptures dont sont enrichis les deux grands trumeaux qui séparent ses trois fenêtres. Cette partie de l'hôtel d'Ecoville a été modifiée postérieurement à sa construction; il y avait là primitivement deux rangées de fenêtres, deux étages, qui ont été plus tard réunis en un seul : cette transformation a rompu l'harmonie de l'ensemble; ces baies, trop grandes, trop hautes, ne sont plus en rapport avec les deux magnifiques trumeaux que je vais vous décrire. — Dans leur partie inférieure, s'ouvrent deux grandes niches, où vous verrez, se faisant pendant, la statue de *David tenant à la main la tête de Goliath*, et celle de *Judith portant la tête d'Holopherne*, — vous reverrez ces mêmes sujets représentés au château de Fontaine-Henry, que vous visiterez dans quelques jours. — Sur la ligne des allèges des anciennes fenêtres du premier étage, deux intéressants bas-reliefs représentent des scènes mythologiques : *l'Histoire de Persée* et *l'Enlèvement d'Europe;* au-dessus, dans de grands panneaux portés par des *Nymphes* et des *Génies*, se trouvent des écussons armoriés, timbrés du heaume de chevalier richement empanaché. Toute cette décoration des trumeaux, qui part du sol de la cour et s'élève jusqu'au niveau de la toiture, est surmontée de belles et hautes lucarnes qui la complète et forme un ensemble très riche, très élégant. — Après avoir examiné, détaillé ces deux belles façades de l'hôtel d'Ecoville, arrêtez-vous encore un instant avant de vous éloigner, pour bien les voir, pour bien les fixer dans votre mémoire, car, sans aucun doute, sans conteste, vous avez devant vous un des plus remarquables chefs-d'œuvre de l'architecture française à l'époque de la Renaissance.

Nous voici en face de *Saint-Pierre de Caen*, magnifique édifice gothique, dont l'abside a été entourée, au XVIe siècle, d'une merveilleuse ceinture de chapelles construites dans le style Renaissance le plus pur et le plus élégant. Le plan général de cette église est fort simple : une grande nef sans transept, le chœur et l'abside. De la vieille église fondée par Saint Regnobert, il ne reste à peu près rien : vous n'en retrouverez quelques traces que dans la grande tour gothique qui a été construite, tout au commencement du XVIe siècle, sur un vieux noyau de maçonneries romanes. — La date exacte de la construction de la tour de l'église Saint-Pierre nous est connue grâce à une longue « EPITAPHE DE DEFUNCT NICOLLE L'ANGLOIS, EN SON VIVANT BOURGEOIS DE CAEN, TRÉSORIER DE CESTE ÉGLISE LEQUEL TRÉPASSA AU MOIS DE JUILLET L'AN 1317 », dans laquelle vous lirez le passage suivant :

> Bourgeois estoit de noble guise
> Moult de biens fist en ceste église;
> Trésorier en fut longuement,
> Et par lui, et par sa devise,
> Fut la tour en sa voye mise
> D'estre faicte si noblement.

Cette tour, dont la hauteur est d'environ soixante-quinze mètres, est admirablement élancée; percée de hautes et étroites baies ogivales, elle est surmontée d'une flèche aiguë si grande, si droite, si fine, qu'on a pu dire qu'elle « *n'a pas de rivale en beauté si elle en a en hauteur* ». Le vieil historien de la ville de Caen, de Bras, nous l'a décrite : « Combien que cette église Saint-Pierre soit fort ample et très belle..., toutes fois ce qui est le plus singulier, c'est la tour ou pyramide, laquelle est d'une admirable hauteur, fondée sur quatre moyens piliers de si subtil artifice, qu'on ne voit et ne s'aperçoit-on du fondement soit en entrant à l'église par dessoubs ceste tour, ou à l'opposite par une des aisles et si l'on en voit le vuide par le dedans jusques au sommet. Elle a son diammètre jusques aux carreaux d'icelle en quadrature par lesquels carreaux qui sont de grande hauteur l'on se pourmeine tout autour et y sont

huit tourelles posées à l'endroit de huit quarres qui sont
les huit airres du vent; puis est au-dessus élevée la pyramide, d'une émerveillable hauteur qui est percée par quarante-huit grandes étoiles vuides où souflent et coulent
les vents qui empeschent d'endommager ceste pyramide,
qui n'est que de quatre doigts d'épaisseur. »

Et M. A. de Caumont, avec cette exactitude, cette préci-
sion qui caractérise tous ses ouvrages, nous dit : « Cette
tour est surmontée d'un trottoir garni d'une balustrade en
pierre et de huit clochetons à jour, délicatement travaillés.
La pyramide terminale, construite en pierres de six à sept
pouces d'épaisseur, liées les unes aux autres au moyen de
crampons de fer, est percée, sur les faces de l'octogone, de
quarante-huit ouvertures en forme de rosaces, et garnie de
crochets sur les angles; elle est d'une telle solidité, que les
intempéries des saisons ne l'ont point altérée. »

Sous cette tour s'ouvre un *porche sous clocher*, — chose
rare dans l'architecture française du XIIIe siècle, — c'est le
grand portail; il est cité par Viollet-le-Duc comme l'un des
plus remarquables parmi ceux qui ont été construits à cette
époque. Au XVIe siècle, il a été horriblement mutilé par les
protestants iconoclastes de la Basse-Normandie, ses sculptures ont été impitoyablement brisées, mais ses lignes
architecturales sont restées nettes et grandes. — Du côté du
square que l'on a tracé le long de la façade latérale Sud,
s'ouvre un beau portail, qui a aussi gravement été détérioré
par les religionnaires; mais celui-ci du moins a été complètement restauré au commencement du XVIIe siècle, et
recouvert alors d'une riche ornementation qui a été assez
maladroitement réparée il y a une cinquantaine d'années.

La nef, comme la tour, date de la fin du XIIIe siècle ou
du commencement du XIVe. Sa forme générale, ses grandes

lignes, du plus beau style ogival, sont fort belles; elle a été retouchée au xve siècle, et vous remarquerez, entre autres détails, les claires-voies de ses grandes baies, véritable décoration du style flamboyant, qui accuse nettement le travail exécuté à cette époque de décadence.

L'église Saint-Pierre de Caen, tant belle et vantée qu'elle soit, n'est pas un de ces monuments dont l'ensemble magnifique impose l'admiration; construite à des époques diverses, c'est par la beauté, par la perfection même de chacune de ses parties vues isolément, qu'elle nous plaît, nous séduit, et parfois même nous enthousiasme. Sa haute tour avec son clocher ajouré dans lequel les vents se jouent, nous ravit par sa légèreté, par son élancement hardi; autour de son abside gothique, nous admirerons les merveilleuses chapelles , chefs-d'œuvre de l'art de la Renaissance, qui ont été construites au commencement du xvie siècle par le plus illustre des architectes Caennais, Hector Sohier, ce grand artiste doué d'une fécondité d'invention vraiment extraordinaire, d'une originalité si vraie, d'une science si grande, et qui possédait les réels secrets de la beauté architecturale. La construction de ces chapelles a duré vingt-sept années, de 1518 à 1545; cela est établi par deux inscriptions que l'on peut lire sur des cartouches des balustrades de la partie méridionale.

L'œuvre d'Hector Sohier a été souvent et parfaitement décrite. Voici ce qu'en dit M. A. Joly : « Cet élégant pavillon octogone, ces fenêtres en plein cintre, ces balustrades curieusement ouvragées, où la figure humaine se marie si heureusement à tous les caprices de l'arabesque et s'enroule avec elle, ces légers et hardis clochetons qui semblent l'œuvre d'un sculpteur sur bois, d'un tourneur autant que d'un maître de la pierre, ces courbes heureusement arrondies,

cette gracieuse et opulente ornementation, nous transportent dans un tout autre monde ». J'emprunte aussi à M. L. Palustre, l'éminent écrivain que j'aime tant à citer quand j'ai à vous montrer des monuments de la Renaissance, les lignes suivantes : « Sohier n'était pas seulement un constructeur habile, un esprit original et plein de ressources, il possédait encore au suprême degré l'art d'assurer à ses œuvres l'admiration des siècles en leur inoculant le secret de la beauté. Chaque détail à Saint-Pierre témoigne du goût le plus délicat et jamais peut-être la richesse n'a possédé autant de charme séducteur. Voyez plutôt ces frises délicatement sculptées, où des objets usuels presque vulgaires sont transformés par les caprices de l'imagination, ces chapiteaux historiés qui, tout en se rapprochant de l'antiquité, n'ont rien de la froideur classique, ces niches si brillamment ornées qu'elles semblent faites pour recevoir nous ne savons quelles admirables statues, ces clefs pendantes où s'étalent parfois en miniature de véritables monuments... Et tout cela n'est, pour ainsi dire, que le bagage ordinaire, la mise en œuvre plus soignée du système de décoration généralement pratiqué. Mais là où éclate l'originalité d'Hector Sohier, au contraire, c'est dans la composition des contre-forts et des balustrades, dans ces merveilleux pinacles à base évasée et à renflements multipliés, qui se dressent à chaque angle des terrasses, et donnent à l'abside de Saint-Pierre ce cachet de noblesse et d'élégance qui fait sa juste renommée. »

L'œuvre d'Hector Sohier, belle entre toutes, a cependant perdu une partie de son charme depuis que l'on a comblé la rivière qui passait à ses pieds, sur laquelle même elle empiétait ; elle s'y mirait, s'y reflétait, paraissait plus lumineuse et plus grande. J'ai voulu, dans mon dessin, vous la montrer telle qu'elle était lors de sa construction. « Vous vous

souvenez, — dit excellemment M. Ruprich-Robert, — de
son élégant soubassement aux fines moulures se mirant
alors dans l'Odon et actuellement enfoui dans le sol, malgré l'étroit fossé qui l'entoure, de ce mariage de la pierre et
des eaux qu'un artiste du xvie siècle avait cru rendre indis-
soluble. Eh bien ! cette union merveilleuse d'art a été brisée !
Etait-il donc nécessaire, dans cette circonstance, de sacrifier
à un besoin matériel, qui pouvait recevoir autrement satis-
faction, la conservation d'un de ces chefs-d'œuvre d'architecture qui, eux, ne se remplacent pas ? »

Entrons dans Saint-Pierre, parcourons la belle nef gothique de cette église. Remarquez à votre gauche le très curieux chapiteau du troisième pilier : il est couvert de sculptures naïves et bizarres, malheureusement fort abîmées, dans
lesquelles M. l'abbé de La Rue a su retrouver la représentation de scènes empruntées à nos anciens fabliaux ou à nos
vieux romans de chevalerie ; les deux sujets les plus carac-
téristiques sont empruntés au *Lai d'Aristote*, et nous montrent les mésaventures amoureuses du doux Virgile et du
grave Aristote :

> Par femme fut Adam déçeu
> Et Virgile moquez en fut ;
> Ypocrates en fut énerbez
> Samson le fort, déshonoré.
> David en fit faulx jugement
> Et Salomon faulx testament,
> Femme chevaucha Aristote :
> Il n'est rien que femme n'assotte !!

Pardonnez-moi, Mesdames, et vous surtout, Mesdemoi-
selles, qui ne savez pas encore cela.

Mais nous entrons dans le chœur : voilà ces voûtes merveilleuses, ces arcs festonnés, ces tympans formés de dalles,

ornés de médaillons, ces nombreux et splendides pendentifs profondément fouillés, ces nervures déliées qui partout s'entre-croisent; voilà cette splendide chapelle de la Vierge, si bien éclairée par ses larges fenêtres plein cintre et par les oculus de cette espèce de tour octogonale dans laquelle se développe, s'élève, formant une couronne symbolique, tous les membres ornés de son admirable voûte.

La belle église Saint-Pierre n'est pas riche en objets d'art; je n'ai à vous signaler que quelques bois curieux : une porte qui provient de l'ancienne Abbaye d'Ardaine; elle se trouve aujourd'hui dans l'une des chapelles, et ferme l'entrée de la sacristie : sur ses panneaux sculptés vous verrez la représentation de certains épisodes de la vie de Saint Augustin et de Saint Norbert; — le buffet d'orgue, orné de belles sculptures, est du XVIIIe siècle; la chaire est moderne.

Avant de monter au château, il vous faudra jeter un coup d'œil sur la vieille *tour Guillaume-le-Roy*, qui se dresse intacte à côté de l'abside de Saint-Pierre; elle faisait partie des anciennes fortifications de la ville, et son pied plongeait dans les eaux de la rivière maintenant voûtée; elle était divisée en trois étages et surmontée d'une plate-forme; sa hauteur était de quatorze mètres au-dessus du niveau de l'eau. La solidité de ses puissantes murailles de sept pieds d'épaisseur, était telle que huit siècles ont pu à peine ébrécher son couronnement. Mais le vieux monument normand qui servit longtemps de magasin, avait eu à subir des changements malheureux; il a été restauré par M. Auvray. — En face de la tour Guillaume-le-Roy, s'élevait jadis une autre tour fortifiée; en temps de guerre, les habitants de Caen barraient la rivière par une forte chaîne, qui s'attachait à l'une et à l'autre de ces tours.

Si vous avez obtenu une autorisation spéciale, vous pourrez

visiter le château de Caen, vieille forteresse féodale, qui
aujourd'hui n'a plus aucune importance au point de vue
stratégique; elle est placée sur un mamelon qui s'avance au
milieu de la ville et domine ses principaux quartiers; on y
arrive de la place Saint-Pierre, en quelques minutes, par
une rue contournée et en forte pente. Du vieux château de
Guillaume le Conquérant, du formidable donjon qu'avait fait
élever son fils Henry Ier d'Angleterre, des constructions de
Louis XII et de François Ier, il reste bien peu de chose. L'enceinte est fermée par une forte muraille crénelée, munie de
tours rondes ou carrées. La partie la plus intéressante de cette
enceinte est actuellement celle qui domine le quartier Saint-
Julien : vous y verrez la *Porte-de-Secours*, avec son pont-
levis et ses quatre grosses tours que l'on a malheureusement
dérasées. — Il ne subsiste des anciennes constructions inté-
rieures du château, que deux édifices dignes d'être visités :
une vieille construction romane adossée aux murailles, du
côté de Saint-Julien, où siégea pendant plusieurs siècles l'ancien échiquier de Normandie qui *datait ses rôles du château de Caen*, et une petite église, en partie romane, en partie ogivale : le mur Nord, l'arche et les chapiteaux du chœur
sont romans; le reste de l'église Saint-Georges date du
xve siècle. Ces deux anciens édifices servent aujourd'hui de
magasins.

En sortant du château vous passerez auprès de l'ancienne
église du Sépulcre, désaffectée, où l'on signale une vieille
porte romane; vous suivrez la rue des Chanoines; vous remarquerez, en passant, une jolie tourelle gothique qui
s'élève en encorbellement sur la façade d'un vieil hôtel.

Vous arriverez bientôt à la place Saint-Gilles, et vous verrez à votre droite ce qui reste d'une charmante petite
église de la fin du xiie siècle, *l'église Saint-Gilles*. — Le

dominicain L. H. Piel, de Lisieux, un des hommes de notre époque qui a le mieux connu l'architecture du moyen-âge, la considérait comme un type parfait d'église rurale. Lorsqu'elle fit régulariser les abords de l'église de la Trinité, la municipalité Caennaise ordonna la démolition du chœur de Saint-Gilles; elle commit alors un acte de vandalisme regrettable. — Par une charte datée de 1082, Guillaume le Bâtard avait autorisé la fondation de cette église; mais elle ne fut probablement construite qu'au XIIe siècle: sa partie la plus ancienne, la nef, n'est pas antérieure à cette époque, et M. Arcisse de Caumont croit même qu'elle n'a dû être élevée que pendant la seconde moitié de ce siècle. Cette nef est vraiment belle, il faut la voir : ses solides arcades en plein cintre sont portées par des pilastres garnis d'élégantes colonnettes groupées. Je dois vous signaler, à Saint-Gilles, une très jolie corniche extérieure ornée de dents de scie, et la porte latérale Sud, charmant spécimen de la transition du gothique à l'art de la Renaissance, œuvre délicate et gracieuse de l'architecte *Blaise le Prestre*, de ce prédécesseur d'Hector Sohier qui, bien probablement, avait jeté les fondements des chapelles du chœur de Saint-Pierre.

Vous arrivez à la *place de la Reine Mathilde* et devant vous se dresse l'imposante et magnifique façade de l'église de l'*Abbaye-aux-Dames : la Sainte-Trinité*. Cette abbaye, comme Saint-Etienne, est une fondation de Guillaume le Bâtard. « Il, — dit Michelet, *Histoire de France*, — avait eu l'adresse de suspendre la lutte habituelle de la Flandre et de la Normandie en épousant sa cousine Mathilde, fille du Comte de Flandre. Cette alliance faisait sa force, aussi il entra dans une grande colère quand il apprit que le fameux théologien et légiste lombard Lanfranc, qui enseignait à l'école monastique du Bec, parlait contre ce mariage entre parents. Il ordonna de brûler la ferme dont subsistaient les moines, et de chasser Lanfranc. L'Italien ne s'effraya pas ; en homme d'esprit, au lieu de s'enfuir, il vint trouver le Duc. Il était monté sur un mauvais cheval boiteux : « Si vous voulez que je m'en aille de Normandie, lui dit-il, fournissez m'en un autre ». Guillaume comprit le parti qu'il pouvait tirer de cet homme ; il l'envoya lui-même à Rome, et le chargea de faire trouver bon au pape le mariage contre lequel il avait prêché. Lanfranc réussit : Guillaume et Mathilde en furent quittes pour fonder à Caen les deux magnifiques abbayes que nous voyons encore ».

Cette belle église, du plus pur sytle roman, cet imposant monument, si remarquable par la sévérité et la beauté de ses grandes lignes, par les admirables proportions de son portail, par la sobriété de son ornementation si complète cependant, a été, comme tout ce qu'entreprenaient ces Normands d'alors, construite très rapidement : commencée en 1064, elle était achevée en 1067. Elle fut solennellement dédiée par l'archevêque de Rouen Maurile qu'entourait une nombreuse cour d'évêques, d'abbés et de clercs, en présence du Duc Guillaume accompagné de son épouse Mahaud, de tous ses enfants, de ses principaux vassaux ; sa fille Cécile s'y consacra au service du Seigneur, beaucoup d'autres dames nobles suivirent son exemple, et l'abbaye fut bientôt une des plus riches et des plus considérables de la Normandie. Il ne nous reste rien des bâtiments de l'ancienne abbaye ; l'église de la Sainte-Trinité a seule résisté aux attaques du temps et des hommes.

Voici comment M. A. de Caumont décrit, dans sa « *Statistique monumentale du Calvados* », cette église, un des monuments les plus précieux de notre ancienne architecture romano-normande :

« L'église de l'Abbaye de la Trinité fut élevée dans la seconde moitié du xiᵉ siècle, en même temps que celle de Saint-Etienne, mais elle est plus petite, moins élevée et ornée d'un moins grand nombre de moulures.

Sa forme est celle d'une croix latine.

La façade offre plusieurs rangs de zigzags sur les archivoltes de ses portes et de ses fenêtres. Les murs latéraux de la nef surmontés d'un entablement à modillons variés et percés de fenêtres accompagnées de petites arcades bouchées sont, avec l'abside ou chevet, les parties qui méritent le plus d'attention à l'extérieur.

A l'intérieur, la nef offre une certaine magnificence ; des frettes crénelées se déroulent autour des arcades qui la mettent en communication avec les ailes. Le sanctuaire est décoré à son extrémité d'un péristyle semi-circulaire, à double étage, dont les colonnes portent des chapiteaux couverts d'ornements bizarres et de figures dont plusieurs paraissent symboliques.

La crypte placée sous le chœur est conforme à la plupart de celles qui existent dans les églises du même siècle. La voûte est soutenue par trente-quatre colonnes cylindriques, dont seize seulement sont isolées, celles du pourtour en partie engagées dans les murs sont élevées sur un stylobate. »

L'église n'est plus telle qu'elle avait été construite : elle a subi, au xiie siècle, certains remaniements; sa tour centrale était, à l'origine, couverte d'une élégante pyramide en bois; les deux tours de sa façade étaient surmontées de flèches en pierre, que Charles V et du Guesclin firent abattre, dit-on, en 1360, pour des raisons stratégiques. Le couronnement de ces deux tours, tel que nous le voyons actuellement, a été construit, au commencement du xviiie siècle, pendant l'Abbatiat de Gabrielle Françoise Froulay de Tessé. L'église a été de 1851 à 1861, restaurée avec un soin minutieux, une prudence et une sagesse remarquables, et une science parfaite, par M. Ruprich-Robert. Cet éminent architecte a fait de l'église de la Sainte-Trinité une étude approfondie, qui lui a permis de déterminer d'une façon presque certaine l'époque exacte de la construction de chacune de ses parties. « Si nous avions à remarquer, — dit-il, — dans quel ordre chronologique ont pu être exécutées les diverses parties de l'édifice, nous dirions que les parties les plus anciennes (celles qui datent de la reine Mathilde), sont la crypte, la tour centrale jusqu'aux combles de l'église, le bas du clocher et des murs, les transepts et les murs latéraux de la nef; la deuxième

époque comprendrait les piliers de la nef et la partie supérieure des tours; la troisième, une partie des murs des
transepts (triforium aveugle) et le chœur; enfin la quatrième,
les murs de la nef, à partir des arcs donnant dans les bas-
côtés, les voûtes au-dessus, celles des transepts ainsi que les
colonnes engagées qui les supportent et la zône correspon-
dante du clérestory. »

Le plan général de l'église, en forme de croix latine, est
très simple, très régulier : un narthex, une nef accompagnée
d'ailes très étroites, des transepts et une abside sans collatéraux; sous le chœur, une crypte.

La façade principale de l'église nous montre le pignon de
la nef profondément encastré entre de hautes et puissantes
tours carrées. L'ornementation du portail et des tours consiste
en grandes baies plein cintre et en magnifiques arcatures
romanes; seul le couronnement des deux tours vient rompre
l'uniformité de cette belle façade; ces hautes consoles, trop
couvertes d'ornements, ces oculus de forme ovale, ces balustrades trop ornées, trop lourdes, sont là fort mal placés. —
Les cintres du grand portail sont décorés de zigzags et de
dents de scie; sur son tympan central vous voyez un bas-
relief moderne représentant *la Sainte-Trinité;* il a été exécuté par M. Geoffroy Dechaume. La tour de la croisée nous
montre, au dessus d'arcatures romanes, des grandes baies
ogivales : cette tour est couronnée d'une délicate balustrade
gothique et couverte d'une pyramide en pierre, trop basse;
les murs latéraux de la nef sont, à leur partie supérieure, ornés de mascarons, de corbeaux et de figures, au-dessus d'un
filet mouluré : M. de Caumont, dans la citation que je vous
ai donnée, vous a déjà dit l'effet remarquable que produisent
sur cette façade les grandes baies plein cintre accompagnées,
chacune, de deux petites arcades.

Mais franchissons le porche, et pénétrons dans l'église;
malheureusement la nef seule, jusqu'aux transepts, est
affectée à l'église paroissiale, le chœur, réservé aux religieuses de l'hôpital, leur sert de chapelle; les séparations
qui isolent la nef des transepts et ceux-ci de l'abside, rompent les belles perspectives du monument et lui enlèvent
ainsi ses plus grandes beautés. — La nef offre une magnificence remarquable dans la disposition de ses galeries,
dans l'élégance des archivoltes, ornées de bâtons rompus
et de méandres, de son clérestory. — Dans le transept, à
droite près du chœur, vous verrez, sur l'emplacement d'une
des deux absidioles primitives, une charmante chapelle du
XIIIe siècle dont l'élégance contraste vivement avec la simplicité austère qui caractérise l'édifice. Le chœur est peu
spacieux, mais fort beau : ce sanctuaire, élevé sur plusieurs
rangs de degrés, est décoré d'un péristyle à double étage,
de forme demi-circulaire et surmonté d'une coupole peinte
à fresque; son aspect général est noble et majestueux. Vous
remarquerez la décoration étrange des chapiteaux des colonnes, dans leurs bizarres enchevêtrements vous distingue-
rez des monstres et des chimères. — Au milieu du chœur,
un mausolée fort simple renferme les ossements de la femme
de Guillaume le Conquérant. En 1099, la Duchesse-Reine
Mahaud avait été enterrée dans l'église de l'Abbaye qu'elle
avait fondée; ses cendres n'y reposèrent pas toujours en paix,
en 1562, les protestants pillèrent son tombeau, mais ses
restes dispersés furent rassemblés pieusement par l'Abbesse
Anne de Montmorency et replacés dans l'ancien cercueil
de pierre où ils avaient déjà séjourné pendant cinq siècles.
En 1709, l'Abbesse Froulay de Tessé, qui aimait à bâtir, les
fit placer dans un magnifique mausolée qui fut aussi détruit
en 1793. Le tombeau que nous voyons actuellement a été

construit, en 1819, pendant la Restauration, par M. de Mont-
livaut, alors préfet du Calvados. La seule chose intéressante
qu'il nous offre est la longue inscription gravée sur la table de marbre noir qui la recouvre; elle provient du monument primitif.

Il vous reste à visiter une des parties les plus intéressantes de l'église, sa crypte. Lorsque vos yeux se seront un
peu habitués au jour sombre et mystérieux que laissent pé-
nétrer d'étroits soupiraux, vous admirerez la magnifique or-
donnance de cette partie de l'église, la plus ancienne certainement; vous admirerez ces voûtes si parfaites, supportées
par trente-quatre colonnes qui ont près de deux mètres cinquante d'élévation : là reposent les anciennes Abbesses de
la Sainte-Trinité.

Avant de quitter l'église, examinez bien la chaire : elle
provient de Saint-Gilles et a été restaurée habilement d'après
les dessins de M. Bouet; il faut voir aussi deux beaux tableaux de l'école flamande et les bénitiers en pierre.

Dans les bâtiments qui entourent l'église, et qui ont été
construits au xviiie siècle, on a installé, en 1823, l'Hôtel-
Dieu de Caen : ce bel établissement hospitalier, placé sur
les hauteurs de Saint-Gilles d'où il domine les prairies de la
vallée de l'Orne, entouré d'un parc magnifique, est un modèle du genre.

Par une rue sinueuse qui passe au pied de l'abside de
l'église de l'Abbaye-aux-Dames, vous descendrez jusque la
rue Basse-de-Saint-Gilles, à l'extrémité de laquelle vous verrez tout d'abord, le long de la route de Colombelles, une
magnifique tour de forme irrégulière, carrée d'un côté,
demi-circulaire de l'autre, reliée à une seconde tour ronde
par une courtine crénelée qui se développe sur deux lignes
droites, formant, à leur point de jonction, un angle très ob-

tus : c'est la seule partie qui subsiste de l'enceinte du vieux
Manoir des Talbotières

C'est une des constructions les plus remarquables parmi
ces nombreuses œuvres de la Renaissance que nous montre
la ville de Caen ; sa décoration originale la sépare, la diffé-
rencie d'une façon bien nette, bien tranchée des autres constructions Caennaises de la même époque; elle fut construite
tout à la fin du règne de Louis XII ou au commencement
du règne de François Ier, par Gérard de Nollent dans un
site pittoresque, au pied de la colline de Saint-Gilles, en
face d'une charmante prairie qui s'étend jusqu'à la rive
gauche de la rivière de l'Orne.

Jean Vauquelin de la Fresnaye qui, à la fin du XVIe siècle,
était président au Présidial de Caen, a, dans une de ses poé-
sies, cité la maison des Gens d'armes :

> Voilà pourquoy......
> ......Et pourquoy tant m'agrée
> Auprès de Caen la normande contrée :
> Et cela fait que nos lieux me sont or,
> Ma cour, mon louvre et mon palais encor.
> Me pourmenant par la belle prairie
> Je voy souvent cette gendarmerie
> Qui fait la garde à votre beau Calis
> Où les soldats ne sont point défaillis,
> Depuis le temps que les Nollent donnèrent
> Charge à ceux là qui le guet ordonnèrent.

Cette belle et originale maison de plaisance a été désignée
sous bien des noms différents : on l'a appelée, d'abord manoir des Talbotières, puis *manoir de Calis*, du nom du faubourg ou elle se trouve, puis encore *manoir de Nollent*,
du nom de la famille à laquelle elle appartenait. —Aux créneaux de la tour que vous avez devant vous, penchées sur
le chemin, semblant faire le guet, voyez ces deux statues

d'hommes d'armes, elles lui ont fait donner le nom sous laquelle elle est généralement connue : le nom de *maison des Gens d'armes*. Par une corruption qui n'a aucun sens, que rien ne justifie, on écrit généralement maison des gendarmes ; tous ceux qui ont décrit le manoir de Nollent ont protesté contre cette altération insensée de son nom populaire, mais tous ont suivi le courant. N'auraient-ils pas mieux fait de réagir ?

Le manoir des Gens d'armes, — MM. de Caumont, Palustre et de Beauregard sont de cet avis, — a été bien certainement édifié d'après les plans de l'architecte Abel le

Prestre, dont nous avons vu, à Saint-Gilles, une porte si intéressante. Aucun texte n'établit, d'une façon absolue, la participation d'Abel le Prestre à la construction du manoir de Calis, mais Jacques de Cahaignes nous dit que cet architecte a dressé les plans de la maison de la rue de Géole qui porte le n° 17, maison où est né le vieil historien de la ville de Caen ; lorsque, demain, vous la verrez, vous comprendrez et vous partagerez l'opinion des éminents archéologues dont je viens de vous citer les noms. D'après un vieux plan qui nous représente la ville de Caen telle qu'elle était au XVIIe siècle, le manoir de Nollent se composait alors de quatre tours reliées entre elles par des courtines formant une enceinte continue ; au centre, se trouvait la maison d'habitation : *le logis*. — Ses murailles, au Nord, formaient un demi-cercle ; la partie qui longe le chemin de Colombelles, la seule du reste qui subsiste, est, comme je vous l'ai déjà dit tout à l'heure, presque en ligne droite.

La grosse tour, — *la tour des Gens d'armes*, — est un monument excessivement curieux : placée près de la porte d'entrée, sa partie hémicyclique orientée à l'Ouest, elle contient deux étages et est recouverte d'une plate-forme avec parapet et créneaux ; elle est percée, au Midi, d'une grande et magnifique fenêtre défendue par une épaisse et solide grille. Cette baie est garnie de meneaux ; son chambranle, ses pieds-droits, surmontés de pinacles, sont décorés de fines arabesques. A gauche de cette fenêtre, dans un grand médaillon, s'étalait l'écusson, aujourd'hui mutilé, de la famille de Nollent, au-dessous duquel on peut encore reconnaître la salamandre de François Ier. Mais les ornements les plus curieux du manoir des Gens d'armes, ceux qui attirent, qui absorbent l'attention de tous les touristes, de tous les artistes, des archéologues, sont les nombreux médaillons que l'on

retrouve partout, sur la façade du logis, sur la grosse tour,
sur le parapet, coupé de créneaux, de la courtine Sud. Dans
tous ces médaillons, vous verrez des figures originales dans
des attitudes variées, ornées de coiffures du temps, gracieuses
quoique bizarres : presque toutes ces têtes sont vigoureuse-
ment traitées, quelques-unes d'entre elles, puissamment
modelées, attestent le talent de l'artiste qui les a sculptées.
Ces médaillons sont au nombre de vingt-neuf; on les a beaucoup étudiés, on a cherché à les interpréter, on a voulu y
trouver des têtes d'empereurs romains, de femmes célèbres
de l'antiquité ; d'autres, remarquant que les têtes d'hommes
et de femmes sont alternées, se regardent, ont cru qu'elles
se faisaient les yeux doux, et qu'elles devaient représenter
une allégorie amoureuse; une seule chose est certaine :
quelques-uns de ces médaillons portent des inscriptions qui
rappellent les Triomphes de Pétrarque. Sur la grosse tour,
nous en voyons trois, sur lesquels on a lu les inscriptions
suivantes :

PUDICICIA VINCIT AMOREM,

MORS VINCIT PUDICICIAM,

AMOR VINCIT MORTEM.

D'autres médaillons sont aussi très intéressants : voyez,
sur la tour, cette tête de femme, calme, impassible, insen-
sible ; femme forte qu'embrassent en même temps deux
hommes, dont les figures expriment la passion et les désirs ;
il est accompagné d'une inscription singulièrement disposée, on a pas su l'interpréter jusqu'à présent :

C'EST   MA

NORICHE   ET AMIE.

Une autre tête attire l'attention : fortes moustaches,
chapeau pointu, vraie tête de reître ou d'aventurier du

Nord. Lorsque vous aurez longtemps examiné les deux tours et la partie des murs d'enceinte qui nous reste du manoir de Nollent, entrez dans la cour, et visitez rapidement *le logis*. Il a été entièrement reconstruit ; remarquez, sur sa façade, un médaillon où est représentée une femme donnant en même temps le sein à deux grands nourrissons ; au premier étage, vous verrez une belle porte en bois sculpté du XVIe siècle.

Remontez en voiture, et gagnez, aussi vite que possible, les bords du canal maritime de Caen à la mer qui traverse de belles prairies et est bordé de hauts peupliers : vous arrivez bientôt au *bassin à flot*, presque toujours encombré de navires ; vous verrez, en passant, les deux belles promenades, plantées chacune de quatre rangées de vieux ormes, qui s'étendent, à l'Ouest de Caen, sur les deux rives de l'Orne, les *cours Caffarelli* et *Montalivet ;* vous passerez auprès de la place d'Armes, où se trouvent les bâtiments de la douane, vous traverserez le beau pont de Vaucelles, et irez, dans le faubourg qui s'étend sur la rive droite de la rivière, visiter la curieuse *église de Saint-Michel-de-Vaucelles.* — Elle s'élève sur la partie supérieure de la colline ; elle se compose d'une nef avec collatéraux, d'un chœur terminé par un chevet droit et flanqué de deux chapelles. Dans le collatéral Sud est enclavée une tour romane de la fin du XIe siècle et du commencement du XIIe, très bien conservée et fort curieuse.

La façade principale de Saint-Michel-de-Vaucelles et la tour à coupole qui l'accompagne ont été construites en 1780 ; c'est un travail correct, qui répondait au goût de l'époque; ce style froid et sec trouve encore quelques rares admirateurs, quant à moi, je l'ai en horreur. Allons voir, sur la façade latérale Sud, la belle tour romane ornée d'élégantes arcatures plein cintre et recouverte d'un toit pyramidal à quatre pans : elle est certainement la partie la plus belle de l'édifice ; du côté opposé, l'on voyait jadis une fort jolie porte délicatement dessinée, bordée de festons, — beau travail du XVIe siècle, — qui, malheureusement, est aujourd'hui masqué. Entrez dans l'église ; remarquez, dans la nef construite au XVIe siècle, de curieux détails d'ornementation : armoiries, clefs de voûte, inscriptions ; visitez la chapelle basse, couverte de remarquables voûtes plates, qui se trouve au-dessous de la chapelle terminale du bas-côté Nord.

J'ai voulu vous amener à Saint-Michel de Vaucelles pour vous y montrer les curieuses et intéressantes peintures à fresques qui ont été découvertes sur les voûtes de cette église, au cours de réparations qu'y faisait exécuter, en 1882, le curé de la paroisse.

On voulait raviver les couleurs des peintures des deux belles clefs de voûte où sont représentés *Saint Michel terrassant le dragon* et la *Sainte-Trinité*. L'artiste chargé de ce travail constata auprès des clefs de voûte, sous le badigeon, la présence d'entrelacs et d'arabesques. On enleva avec précaution, très soigneusement, ces badigeons, et on découvrit de fort remarquables peintures qui comprennent huit médaillons de forme circulaire reliés entre eux et à la clef de voûte peinte par des enroulements gracieux et fort bien dessinés. Dans ces huit médaillons, cerclés de jaune, sont représentés quatorze Saints et Saintes. Les figures étaient assez altérées, mais, grâce aux attributs qui les accompagnent, on a pu les reconnaître : les deux médaillons qui ne contiennent qu'une seule tête nous montrent, l'un *Sainte Catherine,* l'autre *Sainte Anne ;* les six médaillons, dans chacun desquels vous voyez deux têtes représentent *Saint Pierre* et *Saint Paul, Saint*

André et *Saint Jacques de Compostelle, Saint Martin* et *Saint Nicolas, Saint Christophe* et *Saint Sébastien, Saint Mathurin* et *Saint Maur,* et enfin *Saint Eustache* et *Saint Jean-Baptiste.*

On découvrit aussi des peintures analogues sous les voûtes de la travée voisine ; là encore on retrouva huit médaillons cerclés de noir, de même style et de même époque, reliés aussi à la clef de voûte par des arabesques. Dans ces médaillons figurent les quatre évangélistes : *Saint Luc, Saint Mathieu, Saint Jean* et *Saint Marc,* et les quatre figures symboliques sous la forme desquels on les représentait : le *bœuf,* l'*homme,* l'*aigle* et le *lion.* M. Eugène de Beaurepaire a fort bien étudié ces peintures qui ont été restaurées avec soin et fidélité; il a établi qu'elles doivent avoir été exécutées au milieu du XVIe siècle, et qu'elles sont probablement l'œuvre de Simon le Pelletier, ornemaniste habile qui vivait à cette époque et dont le nom nous a été transmis par Jacques de Cahaignes.

J'allais oublier de vous montrer une *Assomption,* tracée dans un médaillon en amande, que l'on a retrouvée, postérieurement, dans le fond de la seconde travée. Ces peintures, exécutées à la détrempe, avec une habileté remarquable, une grande hardiesse de dessin, une étonnante simplicité de procédé, contours au trait, couleurs en teintes plates, sans ombre, produisent un très bel effet et révèlent la main d'un véritable artiste.

Ces badigeons de Saint-Michel me rappellent une curieuse boutade de Prosper Mérimée que j'ai lue quelque part : «... Il en sera peut-être comme du badigeon que M. d'Argout avait défendu à ma prière et que l'on applique, couche sur couche, tous les ans, au mépris de la circulaire. Je connais un préfet qui passe pour avoir du goût, et qui choisit lui même la teinte qui doit être appliquée sur les murs des églises de son département. Le badigeon m'a inspiré une haine furieuse depuis que je l'ai vu appliquer en couches aussi épaisses sur les murailles couvertes d'arabesques... »

Mais la journée a été longue, et vous devez être fatigués ; rentrez à votre hôtel, où vous trouverez un de ces excellents et copieux repas normands. Le soir, en flânant, vous reverrez le chœur de Saint-Pierre, et, en passant par le boulevard Saint-Pierre, vous apercevrez une assez jolie fontaine en fonte, où sont représentées *les trois Grâces*, d'après Germain Pilon.

* * *

Vous emploierez la journée du lendemain à visiter la partie occidentale de la ville de Caen : prenez encore pour point de départ la place Dauphine, passez entre la caserne et la rivière; vous arrivez aux Cours, deux magnifiques promenades, couvertes d'épais ombrages, qui se réunissent à angle droit et bordent de deux côtés une fraîche et verdoyante prairie. Le *Grand-Cours* s'étend jusqu'à Montaigu, sur la rive gauche de l'Orne. Ces grands ormes aux troncs noirs, à têtes feuillues, touffues, qui bordent la rivière et l'assombrissent, ont été plantés en 1691. Le long de la prairie se dressent, plus grêles, plus élancés, des hauts platanes avec leurs feuilles découpées et leurs troncs réguliers, plaqués de grandes tâches blanches; cette promenade est ravissante. — Le *Petit-Cours* remonte vers la ville, longeant à droite un vieux canal en partie couvert, le canal Robert; on l'appelle aussi *Cours-la-Reine;* il a été planté pour la première fois en 1686, et replanté en 1786.

La belle prairie qui s'avance un peu en contre-bas dans l'angle formé par les deux Cours est le *champ de courses de*

Caen, où la Société d'Encouragement organise, chaque année, dans les premiers jours d'août, de très belles courses qui durent quatre jours et attirent dans le chef-lieu du Calvados une foule élégante de sportsmen et de mondaines. — Caen, à l'époque des courses, s'anime, se peuple : tous les riches châtelains, toutes les élégantes châtelaines, tous les gros éleveurs des pays environnants, sont là, déployant un grand luxe d'équipages, montrant leurs magnifiques attelages normands. La *Semaine de Caen*, comme celle de Trouville, est classée parmi les grandes solennités hippiques, et il est de bon ton d'y assister. Dans les premiers jours d'octobre, d'autres courses sont encore organisées sur l'hippodrome de Caen; plus spécialement consacrées aux produits élevés dans le pays, elles sont fort intéressantes. La plupart des prix sont disputés, dans des courses *au trot attelé* ou *au trot monté*, par de nombreux concurrents; toutes les grandes écuries du Calvados et de l'Orne sont alors représentées sur cet hippodrome par leurs plus beaux produits.

A droite en montant le Petit-Cours, derrière la caserne, vous avez remarqué de vieux bâtiments qui ont attiré votre attention : c'est un *vieil hospice*, qui fut fondé, en 1655, par le Duc de Longueville, Duc d'Orléans, qui était alors gouverneur de la ville.

Suivez à gauche une belle allée circulaire, traversez une grande place, la place de la Préfecture : à votre droite, vous voyez un boulevard planté de marronniers d'Inde, le boulevard du Théâtre. — Le *théâtre de Caen*, construit en 1838, est un grand bâtiment assez bien distribué mais qui n'offre aucun intérêt.

Devant vous, au fond de la place, dans les ombreux massifs de verdure des magnifiques jardins qui l'entourent, vous apercevez *l'hôtel de la Préfecture*, construit sur l'em-

placement de l'hôtel de Manneville, à la fin du premier
Empire et au commencement de la Restauration, sur les
plans de l'architecte Harou-Romain; plusieurs fois pendant
la construction le projet primitif fut modifié, et l'édifice,
qui ne vaut pas la peine d'être visité, est sans aucune
valeur architecturale.

Prenez à gauche le boulevard Bertrand, que vous suivrez
jusqu'au Parc; arrêtez-vous pour voir, au coin de la rue
de Caumont, une vieille église désaffectée qui sert actuellement de magasin, *Saint-Étienne le-Vieux*. Ce monument
est très intéressant et, malgré l'état pitoyable de ruine
dans lequel il se trouve, je vous engage vivement à le
visiter avec attention : vous y trouverez quelques vieilles
parties de l'ancienne église qui était une des paroisses fon-
dées à Caen par Saint Regnobert. Placée auprès des murs
d'enceinte de la ville, cette église souffrit, lors des différents sièges de Caen, des dommages plus ou moins graves,
et, en 1417, elle fut à peu près détruite par la grosse artillerie
qu'Henry V d'Angleterre avait fait placer, pour réduire la
ville, dans les tours de l'Abbaye de Saint-Étienne; c'est
alors qu'elle fut reconstruite par les paroissiens. Le Roi
Henry V, par lettres patentes du 6 avril 1326, leur accor-
dait en effet un secours de cent livres « pour la répara-
tion de leur église tombée en ruine et décadence par les
grosses bombardes qui avaient tombé sur icelle, et abattu
la voûte pendant le dit siège ». — Les quelques fragments
qui subsistent de l'église primitive sont bien caracté-
risés : les deux fenêtres à droite et à gauche du chevet sont
du XIIIe siècle; un retable orné de trèfles est du XIVe; vous
verrez, incrusté dans un des piliers du côté du chevet, un
bas-relief du XIe ou du XIIe siècle; si l'on en croit une ancienne tradition, le cavalier *sans tête* monté sur un cheval

sans tête nous représente le grand Duc Normand Guillaume. Ce curieux spécimen de l'architecture anglo-normande du xve siècle mérite d'être restitué par un architecte habile qui, comme Viollet-le-Duc où Ruprich-Robert, unirait au talent de l'architecte la science de l'archéologue et le respect des belles œuvres des temps passés. Ce beau monument a été parfaitement décrit dans *la Normandie illustrée :*

« L'église actuelle de Saint-Étienne est un ouvrage du xve siècle. Elle fut reconstruite avec les fonds accordés par les paroissiens. En général, l'aspect de la nef est imposant ; elle se compose de cinq travées, soutenues par des piliers élégants surmontés de chapiteaux étroits, ornés de chardons, de feuilles de chêne et de feuilles de choux frisés. Les arcades ogivales portent une balustrade dans le style flamboyant. Le transept est dominé par une lanterne hardie, dont les fenêtres inférieures affectent la forme d'une fleur de lys ; son croisillon de droite, éclairé par une large fenêtre à roses et à compartiments, offre encore quelques traces de peintures murales, où nous croyons retrouver une Annonciation. Quant au croisillon de 'gauche, il est moins orné que celui de droite ; deux niches à tombeaux sont pratiquées dans le mur principal. Le fond d'une de ces niches est occupé par un *ex-voto* à fresque, représentant un donataire agenouillé devant la Vierge assise avec l'Enfant-Jésus au milieu d'un chœur d'anges. Les murailles des chapelles, dans lesquelles sont enchâssées des crédences du xvⁱe siècle, portent toutes des peintures qu'on peut dater aussi de la même époque. La chapelle, la plus près du chevet du côté de l'épître, est en entier dans le style de la Renaissance, et ses colonnes rappellent les constructions de l'abside de Saint-Pierre. La quatrième chapelle du collatéral gauche est remplacée par un porche intérieur qui donne entrée dans l'église par une baie géminée, dont les arcs déprimés sont encadrés dans une porte en accolade de la plus grande élégance. Le trumeau de la baie ouvre du côté opposé à la nef une grande niche couronnée d'un dais à triple étage; dix-huit niches plus petites occupent le reste du porche. Elles reposent sur une corniche au-dessus de panneaux fort légers, appuyés eux-mêmes sur deux grands bancs de pierre. La voûte, très aplatie, est totalement occupée par une multitude de rinceaux.

L'extérieur de l'église Saint-Étienne-le-Vieux est beaucoup moins remarquable que l'intérieur. Nous signalerons toutefois le portail latéral dont nous venons de parler, qui est flanqué de deux clochetons garnis de niches en encorbellement, et dont le tympan, représentant, en bas-relief, le martyre de Saint Étienne, est encadré dans une archivolte à feuilles de chêne et de vigne. Nous citerons surtout la tour octogonale à deux étages fort pittoresquement placée dans l'ensemble général de la vue de Caen. »

Les contre-forts du côté de la place du Parc, massifs, un peu lourds, couronnés de hauts pinacles ornés de crochets, avec leurs gargouilles très longues que soutiennent des supports évidés, offrent une disposition peu usitée, et sont dignes d'attirer votre attention; les arcs-boutants et les pinacles de ces contre-forts vous rappelleront par leurs dispositions, par leurs lignes, ceux de Saint-Pierre.

En face du vieux Saint-Étienne se dressent les vieux bâtiments de *l'ancien collège du Mont:* là sont exposées les pièces intéressantes et curieuses pour l'histoire de l'art qui ont été réunies par la Société des Antiquaires et la Société Française d'Archéologie. Dans le jardin, vous verrez la porte de l'ancien Hôtel-Dieu qu'avait fait bâtir le roi Henry Ier d'Angleterre, et la façade d'une vieille maison du XVIe

siècle. Ce musée contient beaucoup d'objets remarquables, je
vous en citerai quelques-uns seulement : la coupe dite de
Guillaume le Conquérant, un reliquaire du xiiie siècle, un
tombeau gallo-romain que l'on a trouvé à Lisieux, de beaux
ornements celtiques et mérovingiens en or, des haches celtiques en pierre ou en bronze.

Tournez à droite : vous voici à la place Fontette où se
trouve le *palais de justice;* je n'ai à vous dire de cet édifice
que sa destination; passez rapidement, et allez place Saint-
Sauveur où vous verrez la statue d'Elie de Beaumont,
médiocre avocat né à Carentan dont le nom est resté célèbre
par le mémoire qu'il écrivit, à l'instigation de Voltaire,
pour obtenir la réhabilitation de Calas.

Au fond de la place, voyez cette affreuse porte du pré-
tendu style néo-grec : elle vous masque le charmant portail
du xve siècle, — Ducarel nous en a laissé un dessin intéressant, — de l'église Saint-Sauveur-du-Marché. Cette
curieuse église, depuis 1789, sert de halle au blé; elle a été
au xviiie siècle, entourée, sur trois de ses côtés, d'horribles
constructions qui masquent ses plus intéressants dé-
tails. Son clocher, dont certaines parties datent de la première construction romane, était surmonté d'une très élégante flèche en charpente, la seule de ce genre qui existait
à Caen; elle a été, sans aucune raison plausible, démolie en
1834, et remplacée par un ridicule toit de beffroi. Il faut
entrer dans cette ancienne église pour y voir quelques
sculptures curieuses, des clefs de voûte et deux beaux piliers
du xiie siècle.

Revenez sur vos pas et suivez un instant la rue Guillaume le Conquérant. Voici la magnifique église de l'*Abbaye
de Saint-Etienne,* un des plus beaux monuments de l'art
roman en Normandie. L'église de l'Abbaye-aux-Hommes,

moins homogène peut-être que celle de la Sainte-Trinité, produit cependant, par son austère beauté, une impression plus vive, plus intense.

Vous savez déjà quand et pourquoi le Grand Baron Normand, comme l'appellent les vieux chroniqueurs, fit construire cette abbaye; l'italien Lanfranc, je vous l'ai déjà dit aussi je crois, fut le premier Abbé de Saint-Etienne, et gouverna ce monastère jusqu'à l'époque où il accompagna son maître en Angleterre. C'est lui qui avait su obtenir du Pape ce fameux diplôme qui dépossédait Harold et donnait l'Angleterre aux Normands; c'est lui encore qui, après l'empoisonnement si opportun du Duc de Bretagne Conan, sut entraîner une foule de Bretons, qui prirent parti dans les troupes de Guillaume au lieu de l'attaquer, et le suivirent en Angleterre.

Dans le chœur de Saint-Etienne, sur une grande dalle de marbre, vous lirez l'inscription suivante :

HIC SEPULTUS EST — INVICTISSIMUS — GUILLELMUS — CONQUESTOR — NORMANNIÆ DUX — ET ANGLIÆ REX — HUJUSCE DOMUS — CONDITOR — QUI OBIIT ANNO, MLXXXVII.

« L'an 1087, Guillaume étoit devenu valetudinaire, et faisoit diète à Roüen, pour se décharger du trop de graisse qui l'incommodoit. Philippe Ier, Roi de France, avec lequel il avoit eu quelque démêlé, lui fit demander, en raillant, quand il releveroit de ses couches. Le Normand lui envoïa dire qu'au jour de sa sortie il l'iroit visiter avec dix mille lances, en forme de chandelles. En effet, si-tôt qu'il put monter à cheval, il désola le Vexin François, et brûla Mantes; mais il se fatigua tellement à l'attaque de cette place, qu'étant retourné malade à Roüen, il y mourut le

19 Septembre. » Le corps du Conquérant fut transporté à l'Abbaye de Saint-Etienne à Caen, et déposé dans le chœur, auprès de l'autel. On allait procéder à son inhumation, la cérémonie était commencée; une foule de seigneurs, d'évêques et d'abbés y assistaient; l'évêque d'Evreux Gislebert, venait de prononcer le panégyrique du Grand Bâtard; « il avait vanté sa justice, son équité et la prudence avec laquelle il avait maintenu dans tous les Etats de sa dépendance la paix et la sûreté individuelle; il l'avait remercié pour le peuple, pour les clercs et principalement pour les moines, de la protection de son épée »; en terminant sa harangue, le pieux évêque invoquait, pour le défunt, la charité de Dieu, demandait pour lui les prières des assistants, disait à ceux qu'il pouvait avoir offensés : « Pardonnez-lui! » C'est alors qu'Asselin, fils d'Arthur, bourgeois de Caen, sortant de la foule qui encombrait l'église, s'avança jusqu'auprès du cadavre, et, étendant la main, s'écria : « *Haro* », revendiquant comme sien, comme lui ayant été ravi contre toute justice, le terrain dans lequel on allait ensevelir le conquérant de l'Angleterre. La cérémonie fut interrompue. Les prétentions d'Asselin étaient justes, on dut le reconnaître, il fallut composer avec lui. On lui donna soixante sous, et on lui promit un autre terrain.

Un incident plus triste encore se produisit à la fin de la cérémonie : le corps, recouvert des habits royaux, reposait dans la bière; on allait le descendre dans la fosse, enduite de maçonnerie, que l'on avait creusée dans le sol de l'église. Guillaume de Malmesbury, qui écrivait au milieu du XIIe siècle, nous a décrit l'imposante et haute stature du Roi Guillaume, son immense corpulence, son ventre énorme; la fosse était trop petite, le corps ne pouvait y entrer; on voulut le forcer, déjà à moitié décomposé, il creva. En vain on brûla des parfums, de l'encens; le peuple, les prêtres eux-mêmes, pris de dégoût, désertèrent l'église.

Pendant près de cinq siècles le corps du Conquérant reposa en paix dans le chœur de l'église de Saint-Etienne; en 1562 sa sépulture fut ignominieusement violée par les protestants de la Basse-Normandie. Le vieil historien de Caen, Bourgueville, qui vivait à cette époque, nous raconte ce qu'il advint alors des restes du Roi Guillaume : « Les ossements de ce Roy qui furent trouvez dedans son tombeau estoient couverts d'un candel ou tafetas rouge d'estaint, comme la couleur en estoient apparente. Et estoient encore inhérantes à la teste les maschoires et plusieurs dents et les autres ossements tant des jambes, cuisses, que des bras fort longs : lesquels ossements je fis bailler à Dom frère Michel Cemallé, l'un des religieux et bailli de ladite abbaye, par un nommé François de Gron, marchand du Bourg-l'Abbé, l'un de ces démolisseurs, en presence de Dom Gilles Le Mercier et d'un autre nommé Radul et quelques autres religieux ; lequel Cemallé les a gardez longtemps en sa chambre comme les desusdits religieux m'ont dit. Mais, à depuis que le sieur admiral de Chastillon et les troupes de reistres arrivèrent en cette ville, toute ladite abbaye ayant été saccagée et les religieux fugitifs, lesdits ossements se sont perdus qui a esté un grand dommage et chose piteuse d'avoir ainsi cévy au corps mort d'un grand roi. »

Sous la pierre sépulcrale où vous lirez l'inscription que je vous ai déjà citée, il ne reste qu'un seul ossement de la jambe du roi, « plus long de longueur de quatre doigts environ que ceux d'un bien grand homme.»

L'église de l'Abbaye-aux-Hommes, un des plus vastes et des plus beaux monuments religieux de la Normandie, nous montre des constructions de trois époques bien marquées, de trois styles bien différents; la façade, les tours jusqu'à la corniche des toits de la nef, les transepts, appartiennent encore à la première construction ; toute cette partie de l'édifice est du style roman le plus beau, le plus simple et le plus noble. — Le plan général de l'église forme une croix latine ; la nef, de même que le chœur, est accompagnée de collatéraux qui font ainsi le tour du monument ; l'abside, dont les proportions sont très vastes, est entourée de treize chapelles.

La construction de l'église Saint-Etienne fut entreprise vers 1066, elle était terminée en 1077, et, le 13 septembre de cette même année, l'archevêque d'Avranches accompagné d'un clergé nombreux, évêques, abbés et prêtres, la dédiait, en présence du Duc Guillaume entouré de sa famille et d'une brillante cour de seigneurs. Quelques années plus tard on élevait dans le chœur de l'église le mausolée sous lequel reposa, pendant cinq siècles, le corps du fondateur de l'abbaye : une pierre de marbre ou schiste noir supportée par des pilastres en marbre blanc, et sur laquelle gisait la statue du Duc, revêtue de ses habits royaux.

La nef était primitivement couverte d'une charpente apparente en bois ; elle n'a été voûtée, en plein cintre, que dans le courant du XIIe siècle. — Les deux flèches élégantes qui s'élèvent sur les deux tours carrées de la façade ont été construites au commencement du XIIIe siècle. C'est à la même époque que le chœur fut réédifié : c'est alors qu'on lui donna ces vastes proportions qui nous étonnent. — La tour centrale, qui s'élève au-dessus de la croisée des transepts, avait été gravement endommagée déjà par les brèches que les Anglais, pendant le siège de la ville, y avaient pratiquées en 1417. En 1562, les calvanistes achevèrent de la détruire ; elle s'écroula en 1566 ; on dit qu'elle avait cent vingt-cinq mètres de hauteur ; la nef aussi avait été en partie démolie par les protestants. — La chapelle Hallebout, qui est accolée aux trois premières travées du côté Nord de la nef, et qui avait été construite en 1315 dans le style gothique de l'époque, avait été détruite par les protestants, mais elle fut immédiatement réparée, et servit alors de nef provisoire à l'église.

Vous verrez dans la chapelle Saint-Jean, placée contre le marchepied de l'autel, une pierre tombale sur laquelle vous lirez l'inscription suivante :

« HIC JACET D. JOHANNES DE — BAILLEHACHE QUI ZELO — ZELATUS PRO DOMO — DOMINI HÆC SANCTA — VESANO HÆRE-TICORUM — FURORE PENE SUBVERSA — MUNDARI AC RENOVARI — CURAVIT. ASCETA FUIT — 67 ANNIS, ASCETARUM — PRO-TOPRIOR 40. OBIIT — DIE 16 APRILIS ANNI — 1644 — ÆTATIS SUÆ 82 — REQUIESCAT IN PACE » : *Ci-git D. Jean de Baille-hache. Plein de zèle pour le bien de la maison du Seigneur il s'employa à restaurer et à reconstruire ce sanctuaire, qui avait été détruit en grande partie par la folle fureur des hérétiques. Il fut moine pendant 67 années, Prieur de l'Abbaye pendant 40 années. Il mourut le 16 avril 1644, à l'âge de 82 ans. Qu'il repose en paix.* — L'église fut en effet restaurée de 1609 à 1626, alors que Jean de Baillehache était Prieur du monastère de Saint-Etienne. Les admirateurs des beaux monuments du moyen-âge, et ils sont nombreux à notre époque, retiendront le nom de cet homme éminent qui sut faire respecter et reproduire exactement le style des anciennes constructions; il s'opposa à la démolition du chœur, qui avait été décidée.

En 1663, l'Abbaye-aux-Hommes fut occupée par la con-grégation de Saint-Maur qui, de 1704 à 1726, fit presque entièrement reconstruire les bâtiments conventuels d'après les plans de Guillaume de la Tremblaye, religieux convers de l'ordre de Saint-Benoit.

Pendant la Restauration divers travaux furent exécutés à l'église Saint-Etienne : la partie supérieure des bas-côtés du chœur, ses arcs-boutants, les murs extérieurs du transept Sud, furent alors complètement réparés. — L'éminent architecte Ruprich-Robert a achevé la restauration de l'église de l'Abbaye-aux-Hommes; il a su reconstituer avec la plus parfaite exactitude la vieille nef romane et les transepts de Saint-Etienne.

La façade principale de l'église, à l'Ouest, est remarquable par sa force, sa simplicité, sa hardiesse; elle est percée de trois portes et de fenêtres en plein cintre, elle est flanquée de deux robustes tours carrées sans aucune ouverture, véritables tours de forteresse, solides bases romanes, au-dessus desquelles s'élèvent deux merveilleuses flèches de style gothique. Sur les bas-côtés, à l'extérieur, les murs des grands combles sont soutenus par des arcs-boutants peu nombreux et sans ornement; la tour centrale élevée au-dessus de la croisée, est de style gothique quoiqu'elle date du XVIIe siècle; sa partie supérieure est octogonale. L'abside ogivale de l'église est fort belle : vous l'avez vue, de la place du Parc, avec ses treize chapelles, les unes demi-circulaires, les autres carrées, avec les fenêtres rondes qui éclairent sa galerie, avec ses hautes baies gothiques, avec ses magnifiques contre-forts, avec les deux tourelles élancées qui la flanquent de chaque côté.

Vous admirerez, en entrant dans cette belle église, sa nef romane si heureusement disposée ; vous remarquerez ses vastes proportions, la savante combinaison de ses lignes, le magnifique équilibre de ses masses, la parfaite distribution de la lumière. — Les massifs piliers, partant du sol, montent jusqu'à la voûte ainsi que la demi-colonne qui les recouvre en partie; les arcatures qui s'ouvrent sur les bas-

côtés sont portées par de belles colonnes engagées, munies
d'élégants chapiteaux. Au-dessus des bas-côtés règne, tout
le long de la nef, une vaste galerie bordée de belles balustrades en quatre feuilles; elle ouvre sur la nef ses grandes
arcatures plein cintre, de même style et de même largeur que
celles qui mettent en communication la nef et les bas-côtés;
elles sont cependant moins élevées. Ce triforium est recouvert d'une voûte en demi-berceaux continus qui contrebuttent
les grandes voûtes de la nef; les fenêtres supérieures ouvertes dans les arcs formerets de la voûte, au-dessus d'une
corniche dentelée, vous montrent une disposition singulière:
les grandes baies sont accompagnées, tantôt à gauche, tantôt
à droite, d'une seule baie plus petite. — Les voûtes de la
nef, construites seulement au xiie siècle, et dont les arcs saillants sont composés d'un faisceau de tores séparés par des
gorges, embrassent dans leur système deux travées; les
grandes nervures diagonales sont coupées, à leur point d'intersection par un des arcs-doubleaux.

Les transepts accusent aussi bien nettement la belle architecture romane du xie siècle; au milieu de chacun des croi-
sillons, un pilier unique porte une galerie qui communique
avec les tribunes de la nef et du chœur ; c'est là que les
moines de Saint-Étienne exposaient jadis les saintes reliques
qu'ils possédaient. La tour centrale, qui s'élève au-dessus
de la croisée, n'est pas un véritable clocher, elle est plutôt,
ainsi que dans la plupart des églises normandes, une coupole ajourée ou lanterne destinée à jeter une grande lumière
au centre de l'édifice. Cette tour est décorée au-dessus de sa
souche, en dessous des appuis de ses fenêtres, d'arcatures
plein cintre qui forment une décoration très gracieuse.

Le vaste chœur de l'église de l'Abbaye-aux-Hommes, construit au commencement du xiiie siècle, est un monument

du style ogival normand primitif; ses quatre travées rectangulaires et les cinq compartiments de son rond-point sont entourés d'un déambulatoire et d'une galerie de premier étage qui offre une distribution toute particulière à cette église : cette tribune qui ouvre sur le chœur ses grandes baies ogivales, est éclairée par des fenêtres de forme circulaire percées dans le mur extérieur. Les chapelles absidales qui correspondent de chaque côté aux quatre travées rectangulaires sont de forme carrée, tandis que les cinq chapelles du rond-point sont demi-circulaires et peu profondes. Vous remarquerez cependant que les premières chapelles à droite et à gauche de l'abside, celles qui communiquent avec les transepts, sont intérieurement de forme demi-circulaires. Laissez-moi aussi appeler votre attention sur les dentelures qui ornent les arcs ogives des chapelles de l'abside : ce genre d'ornementation, fort rare dans l'architecture gothique, rappelle les ornements géométriques des arcatures romanes de l'école normande.

Le mobilier de Saint-Étienne contient peu d'objets curieux : dans la sacristie, on vous montrera un portrait de Guillaume le Conquérant; sur le maître-autel, vous verrez de très beaux chandeliers du XVIIe siècle, signés Hervieu; puis, dans quelques chapelles, des crédences assez curieuses.

En parcourant les bâtiments claustraux construits, au XVIIIe siècle, par la congrégation de Saint-Maur, et où sont actuellement installés le lycée de Caen et l'école normale, vous verrez quelques constructions isolées, seuls restes de l'ancienne Abbaye.

En 1354 le Roi Jean le Bon, qui avait logé neuf jours chez les Abbés de Saint-Étienne, accorda des lettres patentes par lesquelles il autorisait les moines et l'Abbé à entourer de murs, de tours et de fossés, leur monastère, qui était situé en dehors de l'enceinte fortifiée de la ville. Il ne reste de ces fortifications que deux tours, la tour Puchot, et une autre tour que l'on vous montrera dans la cour de la maison d'habitation du directeur de *l'École Normale*. — Cette école occupe un bâtiment construit, au XIVe siècle, sur l'emplacement du Grand-Palais; on y voit encore des fenêtres en ogive, des voûtes en pierre, et des escaliers surmontés de tourelles qui présentent un certain intérêt. — L'ancienne *salle des Gardes* du Duc Guillaume, qu'avaient rendu célèbre ses briques armoiriées, affreusement mutilée, nous montre encore deux beaux pignons et de curieuses fenêtres à lancette.

Je ne vous conduirai pas dans les prairies, entre deux des bras de l'Odon, pour vous y montrer l'église de Saint-Ouen, modeste ecclésiole insignifiante, dont les parties les plus anciennes datent du XVe siècle : je vous enmènerai à *Saint-Nicolas-des-Champs*, vieille église très intéressante, très curieuse, qui a été fermée en 1793, et qui, après avoir longtemps servi d'écurie, est aujourd'hui un magasin à fourrages. L'Abbaye-aux-Hommes était à peine fondée depuis quelques années, que déjà une population nombreuse se groupait autour du monastère, au quartier du Bourg-l'Abbé; les moines de Saint-Étienne, firent alors construire Saint-Nicolas-des-Champs qu'ils érigèrent en église paroissiale dépendant de leur abbaye. Commencée en 1083 sa construction était terminée en 1093; c'est un type très vrai de la belle architecture romane. Cette église offre avec Saint-Étienne de nombreux points de ressemblance qui accusent son origine, mais les proportions sont moins grandioses, la construction est moins luxueuse; elle est tout entière édifiée en pierre de taille de petite dimension, en moëllons, dont les assises sont cependant régulières. Cette église est d'autant plus digne d'être bien vue, bien étudiée, que ses bâtiments primitifs n'ont subi que d'insignifiantes modifications. Son plan général est en forme de croix latine; elle est orientée. — Son portail rappelle celui de Saint-Étienne, les deux tours qui l'encadrent sont romanes à leur base, une seule a été achevée au xve siècle; l'abside comprend les deux travées rectangulaires du chœur accompagnées de bas-côtés, et un chevet demi-circulaire, décoré de trois rangs d'arcatures d'un style parfait, et orné de six colonnes engagées qui lui donnent l'aspect d'un polygone.

Deux absidioles, aussi de forme demi-circulaire, plaquées, des deux côtés du chœur sur les transepts, sont, de même que le rond-point de l'abside principale, recouvertes de toits coniques en pierre beaucoup plus aigus et, par conséquent beaucoup plus élevés que les autres toitures. Ces couvertures en pierre n'appartenaient certainement pas à l'édifice primitif; elles sont, comme les deux clochers des tours de la façade Ouest de Saint-Étienne, absolument étrangères à l'art roman, mais elles produisent un effet fort pittoresque.

La nef de Saint-Nicolas-des-Champs, avec ses piliers carrés ornés de colonnes engagées, avec ses arcs en plein cintre décorés de moulures arrondies, avec ses chapiteaux formés d'une simple feuille gracieusement enroulée, a cet aspect de grandeur, de force et de solidité qui caractérise les monuments romans; les transepts, hardiment plantés, bien éclairés, sont fort beaux; le croisillon Sud est en partie couvert par une tribune à laquelle conduit un étroit escalier pratiqué dans une tourelle carrée. M. de Beaurepaire termine ainsi sa description de Saint-Nicolas-des-Champs : « Les planchers et les murs de refend à l'intérieur arrêtent le regard et permettent à peine de saisir la beauté du vaisseau : une ignoble baraque cache entièrement l'entrée principale, un

hangar de l'aspect le plus disgracieux est accolé au transept
du Sud, et des ouvertures vulgaires pratiquées par l'adminis-
tration du génie défigurent la nef du côté Nord. Saint-Nicolas
était pourtant une belle église et un noble édifice. Aujour-
d'hui, malgré ces mutilations et ces souillures, c'est encore
un type infiniment précieux des édifices religieux du XIe
siècle en Normandie.

Pour comprendre ce que fut ce monument, que le vul-
gaire dédaigne et que les artistes seuls connaissent, il faut
entrer dans l'ancien cimetière. « Le mur d'enceinte a mis à
l'abri des profanations tout le pourtour du chœur..... Le
style du monument apparaît alors avec son caractère de
grandeur et de simplicité première : le temple reprend son
aspect grave et vénérable, et projette sur la tombe des
morts un reflet plus religieux. On oublie l'outrage des
révolutions et l'on peut croire un instant que, derrière ces
murailles noircies par les siècles, la prière veille comme
autrefois sur la poussière des générations. »

Vous passerez par la rue de Bagatelle que vous suivrez
jusqu'à la gare du chemin de fer de Caen à la mer; vous
prendrez la rue qui s'ouvre en face de cette gare et arriverez à la place Saint-Martin; vous descendrez ensuite la belle
promenade de Saint-Julien, dont vous avez déjà vu les
beaux ombrages du haut des murs du château; vous passerez
auprès de *l'église Saint-Julien*, dont vous verrez le portail
du XVe siècle, qui a été restauré; vous vous ferez conduire
au *Jardin des Plantes*, sous les ombrages duquel vous
pourrez vous reposer quelques instants, et reviendrez
ensuite à la rue de Geôle, qui, au XVIe siècle, était une des
rues principales de Caen. Le sieur de Bras, dans ses *Recherches et antiquités de la province de Neustrie*, nous dit :
« L'autre grande rue aboutissante sur ce carrefour Sainct-

Pierre est ceste bellissime rue de Cathehoulle vulgairement
appelée de la Geaule, parce que le Palais du Présidial,
Bailliage, Vicomté, et les prisons y sont assis. »

Vous rencontrez d'abord, dans cette rue, à votre droite, —
n° 37, — l'*hôtel* qui avait été construit, en 1468, par *Thomas
de Loraille*, bailli de Caen, et qui fut ensuite occupé par
les religieuses Bénédictines; il reste de cette ancienne construction un grand bâtiment sur la rue, avec une tour de
forme irrégulière qui contient un escalier curieux.

Du même côté vous remarquerez la maison qui porte le
n° 31; elle offre une longue façade régulière à compartiments en bois, sans ornements; elle est fort ancienne : Jean
de Quatrans, tabellion de Caen, l'habitait en 1380; on y a
trouvé des peintures murales. Si vous entrez dans la cour
de l'*hôtel de Quatrans*, vous y verrez une tour, construite
en 1541, assez singulièrement disposée : elle est en effet
octogone à sa base et sur la plus grande partie de sa hauteur, la partie supérieure est carrée.

Vous vous arrêterez ensuite, dans cette même rue,
devant la *maison de Jacques de Cahaignes,* — n° 17, —
qui a été construite, de 1520 à 1530, par l'architecte
Caennais Abel le Prestre. Cet élégant édifice se composait,
à l'origine, d'un rez-de-chaussée et de deux étages surmontés de lucarnes ornées de frontons triangulaires; l'ornementation de la façade comprenait des pilastres chargés
de disques et de losanges qui encadraient la construction,
la porte d'entrée et les fenêtres, et de médaillons analogues à
ceux que vous avez vus à la maison des Gens d'armes. —
Cette maison a subi des changements assez considérables,
des transformations fort regrettables: le rez-de-chaussée a
été transformé en magasins; les lucarnes ont disparu, et ont
été remplacées par un troisième étage en colombage, fort

déplaisant; deux fenêtres ont été ouvertes postérieurement dans la partie gauche de la maison, et il est probable qu'en les perçant on a détruit deux médaillons qui complétaient l'ornementation de la façade.

Telle qu'elle est actuellement cette maison nous montre encore ses pilastres si bien proportionnés, si finement dessinés, — sa porte dont le linteau est couvert d'ornements gracieux au milieu desquels se jouent un singe et un dauphin, — et quatre médaillons remarquables, accompagnés d'inscriptions en caractères romains. Au premier étage, vous voyez, à gauche, une tête d'homme casquée entourée de la légende : AMOR VINCIT MUNDUM; — à droite, une tête de femme : PUDICICIA VINCIT AMOREM; — le second étage nous montre, à droite, une tête d'homme : MORS VINCIT PUDICICIAM, — et à gauche, une tête de femme avec l'inscription : FAMA VINCIT MORTEM. — Les deux têtes d'hommes casquées ont été endommagées par l'action de l'air et du temps; les deux têtes de femmes, qui portent ces originales coiffures de l'époque, sont finement sculptées et bien conservées. Ces quatre médaillons nous rappellent les premiers Triomphes de Pétarque; les deux autres, qui ont été détruits lorsque l'on a ouvert postérieurement les fenêtres de gauche ou, peut-être, lorsqu'on a remplacé les lucarnes par un troisième étage moderne, devaient représenter les deux derniers Triomphes: *le Temps* qui, peu à peu, fait oublier les plus grandes renommées, et l'*Eternité de Dieu,* qui triomphe de tout, même du *Temps.*

La rue de Geôle vous a ramené à la place Saint-Pierre: prenez, à votre droite, la rue Saint-Pierre; remarquez, en passant, *deux vieilles maisons* en bois, à hauts pignons, très ajourées, couvertes de sculptures, d'arabesques, de médaillons, de figures de Saints. Vous arriverez bientôt devant la double abside de *l'église Saint-Sauveur*, qui s'élève à l'angle de la rue Froide et de la rue Saint-Pierre. Ce singulier édifice a été construit sur l'emplacement de l'ancienne église de Notre-Dame-de-Froide-Rue. Depuis le concordat de 1802, elle est église paroissiale sous le titre du Saint-Sauveur.

Saint-Sauveur est un édifice bizarre; à proprement parler, il se compose de deux grandes chapelles différentes, accolées l'une à l'autre dans le sens de leur longueur, communiquant entre elles à l'aide d'un arc hardi, et terminées, chacune, sur la rue Saint-Sauveur, par une sorte d'abside à trois pans de styles divers. Celle que vous voyez la première, l'abside de la nef Nord, porte le nom de Saint-Eustache; une date inscrite sur un des cartouches nous dit qu'elle a été achevée en 1546; cette abside Renaissance offre de nombreux points de ressemblance avec les chapelles du chœur de Saint-Pierre, et M. Palustre pense qu'elle doit avoir été construite par le même architecte. « Eh bien, — dit-il, — que l'on considère maintenant l'abside septentrionale de l'église Saint-Sauveur, dans la même ville de Caen, et, très probablement, il n'y aura pas d'hésitation sur le nom de l'architecte auquel est due cette autre construction remarquable. Seul, Hector Sohier a pu se copier aussi fidèlement. Ces grandes fenêtres cintrées qui versent abondamment le jour à l'intérieur lui appartiennent trop ouvertement pour qu'elles ne soient pas son ouvrage. Quant aux contre-forts, on les croirait détachés de Saint-Pierre, tant ils ont de rapport avec ce que nous avons étudié tout à l'heure. Plus que jamais ce sont des candélabres qui font les frais de la décoration. Il n'y a pas de balustrade à la naissance du toit, ce qui nous prive de quelque chef-d'œuvre nouveau; mais la base, cette fois, est brillamment ornée. Une plus sage application des losanges y a été faite ; tous se rattachent par des appendices à la bordure dont ils sont entourés au lieu de remplir le champ du tableau. »

L'abside gothique qui est accolée d'une façon si pittoresque à l'abside Renaissance, date du xve siècle ; sa décoration appartient au style flamboyant ; elle est couronnée d'une balustrade fort élégante ; ses fenêtres, festonnées, sont chargées de riches ciselures.

Entrez dans la rue Froide ; vous longerez la façade latérale Sud de Saint-Sauveur et vos regards seront dès l'abord attirés par un escalier extérieur, plein de légèreté, construit au xve siècle et dont la destination n'est pas connue. Cette façade vous masque la tour de l'église édifiée au xive siècle et qui porte un clocher pyramidal en pierre à trèfles, percé à jour comme celui de Saint-Pierre, mais qui est moins svelte, moins léger, moins élégant. Avant d'entrer dans l'église, remarquez les belles portes en bois du portail où vous verrez des panneaux, assez bien conservés, sculptés dans le style ogival perpendiculaire. — Au point de vue architectural, je ne vois rien à vous signaler à l'intérieur de Saint-Sauveur. Vous remarquerez aux fenêtres de l'abside gothique quelques restes de vitraux peints : une de ces verrières, placée derrière le maître-autel, représente la Vierge debout portant son Fils dans ses bras. Ces vitraux, qui devaient être remarquables par leur composition et par l'éclat de leurs couleurs, ont été défigurés par de maladroites réparations. En lavant les badigeons dont les couches épaisses recouvraient les murs d'une chapelle à gauche de la nef, on a découvert une fresque curieuse qui doit avoir été peinte au xvie siècle.

Au n° 4 de la rue Froide vous verrez les bâtiments anciens qui entourent la cour de l'imprimerie Leblanc-Hardel,

et dans la même rue, — n° 33, — une maison avec de belles
lucarnes de la Renaissance. — Vous irez ensuite dans la
cour de la Monnaie qui met en communication la rue Saint-
Pierre avec les rues Froide et de la Monnaie ainsi qu'avec
la cour de l'ancienne halle. Vous y verrez ce qui reste des
anciens hôtels que fit construire, au xvie siècle, le riche marchand Caennais Etienne Duval, Sire de Mondrainville. —
Comme Ango, le grand armateur dieppois, Duval avait su
étendre son commerce jusque dans les pays les plus loin-
tains ; ses vastes entrepôts regorgeaient toujours des blés
que ses nombreux navires lui apportaient sans cesse des
pays du Nord et des côtes de la Méditerranée; il était fort
bienfaisant, et, aux époques de disette alors si fréquentes, il
donnait gratuitement aux malheureux les blés qu'ils ne
pouvaient acheter. C'est lui qui, en 1553, grâce aux grands
approvisionnements qu'il jeta rapidement dans Metz, con-
serva à la France cette place importante, conquise depuis
une année seulement. — Etienne Duval, protecteur éclairé des
arts, était sensible aux beautés de l'architecture; il aimait
les belles constructions et en fit édifier plusieurs dans les
vastes jardins qu'il possédait auprès de la rue Saint-Pierre.

Voici d'abord un grand bâtiment qui est probablement la
première construction d'Etienne Duval, et où il vint s'instal-
ler vers l'année 1535. Au xviiie siècle il fut occupé par la
Chambre des Monnaies, on le désigne d'ordinaire sous
le nom d'hôtel de la Monnaie. Sa façade est assez simple :
à gauche, donnant sur la rue, s'élève une grosse tour ronde,
sans ornement, portant, sous le toit, une devise indé-
chiffrable; elle est accompagnée, du côté de la cour, dans
l'angle du bâtiment, d'une espèce d'échauguette accolée à sa
partie supérieure; à droite, vous voyez une élégante tourellet
de style Renaissance, portée par un massif pilier carré don

le large chapiteau forme encorbellement : cette espèce de
cabinet à trois pans, décoré de colonnettes sur ses angles
saillants, est percé de grandes baies cintrées et surmonté
d'un toit en dôme sur lequel s'élève un tout petit lanternon
terminé par une statuette ravissante, d'un travail très fini,
représentant un enfant appuyé sur un bouclier. Au-dessus
des grandes baies, en dessous de la frise, l'architecte qui a
dessiné cette jolie tourelle a fait sculpter deux médaillons
qui contiennent, l'un une tête d'homme, l'autre une tête de
femme, et un cartouche à la pointe duquel vous lirez l'inscription : « NE VITAM SILENTIO PRÆTEREANT ». Une autre inscription de tournure spiritualiste, a été tracée au bas de l'encorbellement : « CŒLUM NON SOLUM. »

Cette tourelle est du même style, et doit avoir été construite à la même époque que la seconde partie de *l'hôtel de
Mondrainville* où vous verrez un vaste et magnifique escalier, et un bas-relief représentant les armes d'Etienne
Duval qui avait été anobli, en 1549, par le roi Henri II :
*de gueules à la tête de licorne d'argent cornée d'or, au chef
cousu de Sinople, chargé de trois croisettes d'or.*

Il me reste à vous montrer une construction de genre
italien, une espèce de *casino*, maison de jeu et de plaisir,
que le riche marchand fit construire, vers 1550, au milieu
de ses beaux jardins. « C'est une de ces loges, — dit M. Bor-
deaux, — comme on en trouve à Florence et à Sienne....; c'est
quelque chose de calqué sur les arcs-de-triomphe antiques. »
Au rez-de-chaussée, vous voyez une vaste salle, de 2 mètres
80 centimètres de longueur sur 4 mètres 60 centimètres de
largeur, éclairée, sur sa façade, par trois grandes arcades
inégales : deux, les plus petites, formant portes ; l'autre, plus
large, plus haute, formant une grande fenêtre. Ces ouvertures sont séparées par quatre colonnes d'ordre composite :

sur les dés de leurs piédestaux on a sculpté quatre bas-reliefs où sont représentés les cavaliers du chapitre VI de l'Apocalypse. L'allège de la grande fenêtre porte un autre bas-relief fort dégradé et dont il est impossible de reconnaître le sujet; le fond représentait des paysages. La façade se complète, au-dessus de ces trois arcades, par un attique percé, au centre, d'une triple fenêtre surmontée d'une lucarne à fronton aigu, et, des deux côtés, de petites fenêtres jumelles; sur la frise de ce pavillon, en dessous d'une corniche peu saillante, vous lirez difficilement, car les grandes lettres qui la forment sont à moitié effacées, l'inscription suivante :

> DE SUDORE QUIES ET DE MŒRORE VOLUPTAS
> NE VITAM SILENTIO PRÆTEREANT
> QUID OPTES AUT QUID FUGIAS.

Sur le fronton de la lucarne, Duval a encore fait sculpter ses récentes armoiries que vous avez déjà vues tout à l'heure. —Ce pavillon est couvert d'un grand toit fort élevé qui cadre mal avec son architecture italienne.

A l'angle gauche de l'édifice se dresse une tourelle carrée, faisant retour d'équerre à la façade, et qui contient un escalier en vis; elle est encadrée de deux ordres de colonnes avec piédestaux, frises et corniches, et est surmontée d'une lanterne ajourée couverte en dôme.

On vous montrera rue Saint-Pierre, où elles portent les n°s 52 et 54, *deux vieilles maisons* en bois, à hauts pignons, percées de nombreuses ouvertures, décorées de moulures, de sculptures, de rinceaux et de figures de saints. — La maison, n° 78, de la même rue date du xve siècle; allez voir dans sa cour une jolie tour d'escalier de forme carrée.

Dans la rue Ecuyère, qui conduit de la rue Saint-Pierre à la rue de Guillaume le Conquérant, on va voir, au n° 42,

la belle porte sculptée d'une maison en pierre construite au
xve siècle et qui était alors la résidence du Grand-Maître de
l'Artillerie.

Revenez sur vos pas jusqu'à la rue Saint-Pierre, et prenez, à droite, une rue qui vous conduira à la place des Esbats
au fond de laquelle se dresse la façade de *l'église de Notre-
Dame* ou des Jésuites, que l'on appelle à Caen : *la Gloriette.*
Je ne veux rien vous dire de la façade de cette église ; à l'intérieur, vous verrez de très beaux chandeliers en bronze
doré, de style Louis XVI, qui portent le chiffre de Mme de
Pontécoulant, Abbesse de la Sainte-Trinité. Le maître-autel
provient aussi de l'Abbaye-aux-Dames ; six colonnes de
marbre supportent un groupe remarquable : *la Sainte-Famille, au-dessus de laquelle planent deux anges.* La partie
circulaire de la voûte du sanctuaire est décorée d'une *Assomption* peinte par M. Perrodin ; les murs de l'abside sont
revêtus d'un lambris au-dessus duquel vous verrez des reli-
quaires et des anges en terre cuite. — La première pierre
de cette église a été posée, par le poëte Segrais, en 1684.

En sortant de la Gloriette, si vous avez eu la curiosité de
visiter cette église, allez directement à la place de la Répu-
blique, vaste rectangle entouré d'une rangée de tilleuls, orné
de parterres, au centre duquel s'élève un kiosque assez élégant où la musique militaire donne, à certains jours, des
concerts très suivis par les élégantes de Caen. En faisant le
tour du square, vous passerez auprès de la statue du compo-
siteur Auber qui, *d'occasion,* est né à Caen, pendant un voyage
que faisait, en Normandie, ses parents, marchands d'estam-
pes à Paris. Tout un côté de la place est occupé par une
grande construction du xvII^e siècle, sans caractère architectural, l'ancien séminaire des Eudistes qui est aujourd'hui
l'Hôtel de Ville de Caen ; dans la cour d'honneur, vous verrez

deux groupes en bronze, œuvres de sculpteurs Caennais: l'un représente *des Dénicheurs*, par M. Lechesne; l'autre, *Centaure et Bacchante,* est de M. Le Duc. — L'ancienne chapelle des Eudistes a été divisée en deux étages: le rez-de-chaussée est une belle salle de fêtes, l'étage supérieure contient la bibliothèque de la ville.

C'est aussi dans les bâtiments de l'hôtel de ville que l'on a installé le Musée de Caen, riche galerie de trois cent cinquante tableaux, dont quelques-uns sont des œuvres hors ligne. Je ne vais pas reproduire ici le catalogue de ce musée mais je veux attirer votre attention sur les toiles les plus remarquables :

École Française : un beau *Pierre Mignard: La Vierge et l'Enfant-Jésus,* plein de naturel et d'expression; la tête de la Vierge est le portrait d'Anne d'Autriche; — Un *Sacrifice de Manué, d'Eustache Lesueur,* le grand peintre qui a composé cette magnifique Vie de Saint-Bruno, en vingt-deux tableaux, que vous avez admirée au Louvre; — deux tableaux de *Charles Le Brun,* le peintre aimé de Louis XIV, dont les compositions sont si riches, mais dont on reconnaît trop facilement les œuvres au coloris un peu lourd, aux tons de brique qu'il affectionnait: *le Baptème de Jésus-Christ* et *Daniel dans la fosse aux lions;* — les *fleurs* que vous voyez dans un *Portrait de Madame de Parabère* peint par *Coypel* sont du peintre Caennais, *J. B. Blain de Fontenay,* calviniste zélé, qui se convertit, en 1685, pour entrer à l'Académie des Beaux-Arts; — *Portrait de la femme du sculpteur Desjardins,* par *Hyacinthe Rigaud,* ce portraitiste si remarquable auquel on a donné le surnom de van Dyck français; — un *Antoine Coypel :* des *Nymphes* trop maniérées; — deux toiles de *François Boucher,* le grand maître de cette école maniérée du XVIIIe siècle : un *Paysage* et *Mercure confiant aux nymphes du Mont Nisa le jeune Bacchus;* — une belle *Marine,* pleine de vigueur, comme toutes les œuvres du grand peintre *Claude-Joseph Vernet;* — un très beau tableau de *Tournière: Portrait de Magistrat;* cet artiste naquit à Ifs, petit village dont vous apercevrez le charmant clocher du XIIIe siècle lorsque, dans vos promenades autour de Caen, vous suivrez la route de Falaise; — un beau *Luminais : Un pâtre de Kerlat.*

École Italienne : une admirable toile : *le Mariage de la Vierge,* que l'on considère comme le chef-d'œuvre du *Pérugin,* Pietro Vannucci qui fut le maître de Raphaël; — *La Vierge aux Rochers,* de l'illustre *Léonard de Vinci* qui savait donner à ses têtes de Vierge tant de splendeur; — deux beaux tableaux de *Paolo Caliari,* le Véronèse, l'auteur de ces grandes et magnifiques fresques que vous avez vues à Venise: *Judith venant de couper la tête d'Holopherne* et *Tentation de Saint Antoine;* — une *Sainte-Famille* de l'académique *Louis Carrache;* — *Enfant endormi sur une tête de mort,* de *Guido Reni;* — un remarquable tableau : *Mercure et Argus,* de *Bernardo Strozzi,* bon peintre de l'école Génoise plus connu sous le surnom du Capucin; — deux *Paysages* et la *Réception des Cordons bleus* de *Giovanni Paolo Panini,* peintre estimé, dont les perspectives sont remarquables.

École Espagnole: je n'ai à vous citer que deux tableaux : *le Couronnement d'Épines* et une *Tête de Saint Pierre* de *Joseph Ribera,* l'Espagnolet, ce peintre violent et tourmenté qui aimait tant à reproduire des sujets terribles.

Ecole Flamande : un *Saint Sébastien* de *Denis Calvaert,* peintre flamand qui vécut longtemps en Italie, et fut le maître du Guide, du Dominiquin et de l'Albane; — une belle toile du pompeux, de l'éclatant *Pierre Paul Rubens :*

Melchisédec offrant le pain et le vin à Abraham, et un *Portrait de Jacques Ier*, que l'on attribue avec raison, je crois, au grand peintre anversois ; — un *Portrait d'homme* du grand portraitiste *Antoine van Dyck* ; — trois œuvres de *Philippe de Champaigne* cet imitateur si exact de la nature : *le Vœu de Louis XIII, l'Annonciation, la Samaritaine* ; — un très beau tableau d'*Antoine François van der Meulen*, le peintre attitré de Louis XIV dont il peignait les batailles : *Préparatifs du passage du Rhin par l'armée de Louis XIV.*

École Hollandaise : un vigoureux *Portrait de Magistrat* de *Ferdinand Bol*, le meilleur élève de Rembrandt ; — deux tableaux de *Barthélemy van der Helst*, portraitiste habile, dont la couleur vive et intense rappelle le coloris de Gérard Dow : deux *Portraits de femme* ; — deux *Paysages de Jacques Ruysdael*, grand peintre, qui savait rendre la nature d'une façon si poétique.

Je ne vous signalerai qu'un seul tableau de l'école Allemande : *La Vierge et trois Saintes*, du peintre de Maximilien Ier et de Charles-Quint, *Albert Durer.*

Dans les deux itinéraires que je vous ai tracés et que nous venons de parcourir ensemble, je vous ai montré et décrit, m'efforçant à vous signaler leurs parties les plus belles, les principaux monuments de la ville de Caen ; je n'ai pu cependant vous les faire voir tous. Si vous vous décidez à prolonger votre séjour à faire ces belles promenades, ces ravissantes excursions que je vous trace dans le chapitre suivant, vous devrez, entre-temps, parcourir en flânant les vieilles rues de Caen.

Vous irez *rue du Moulin*; vous entrerez dans la cour de la maison qui porte le n° 6, et qui a été construite vers la fin du xvi° siècle par la famille Quesnay de Thon de Douxmaresq : sur cette cour se développe une façade sagement ordonnée ; l'autre façade, qui malheureusement est envahie par des bâtisses parasites, donnait sur les jardins ; elle est très remarquable par la singulière disposition de sa cage d'escalier et par des lucarnes, à deux étages, très élevées, couronnées d'élégants frontons et très richement décorées ; vous remarquerez les têtes de lions et les têtes de femmes terminant, au-dessous de la corniche du toit, les pilastres qui encadrent les fenêtres, à meneaux en croix, ouvertes dans cette façade.

Rue de l'Oratoire, vous visiterez *l'hôtel Patrix;* ici, plus de hautes façades, plus de cage d'escalier formant tour, mais une construction relativement basse, une maison de ville ordinaire. Sur un cadran solaire est inscrite la date de 1623 ; vous admirerez la grecque si élégante, si bien tracée, qui se développe le long des murs au-dessous de la corniche, et des lucarnes très bien dessinées, richement sculptées. En 1653, Pierre Patrix, le propriétaire de cet hôtel, le vendit, à peine achevé, aux Pères de l'Oratoire qui l'occupèrent jusqu'à l'époque de la Révolution.

6, rue des Cordeliers, *l'hôtel de Colomby* construit au commencement du xvii° siècle, sous le règne de Louis XIII, possède une large tourelle en encorbellement peu ornée, et des beaux épis à girouette. Derrière Saint-Pierre, rue du *Montoir-Poissonnière*, vous irez voir deux maisons en bois du xvi° siècle qui, si ma mémoire me sert bien, sont contiguës.

Je vous ai déjà montré un assez grand nombre de lucarnes intéressantes; vous en verrez encore d'autres très curieus

aussi, deux dans la rue de Bayeux, une rue Saint-Sauveur, et une autre encore rue des Croisiers.

Les hautes toitures de toutes ces vieilles maisons, de tous les beaux hôtels de Caen, étaient jadis ornées de ravissants épis de faitage en poterie vernissée de Manerbe ou en plomb finement découpé. M. E. de Beaurepaire a signalé les épis en poterie de l'hôtel de Colomby, de l'hôtel de Thon et d'une maison de la rue de Saint-Sauveur, et a publié quelques dessins de M. G. Bouet reproduisant de très curieux épis en plomb que l'on voit encore au dessus des toits de la maison nº 64, rue de Bayeux et d'une vieille maison de la rue Hamon.

AUTOUR
DE CAEN
LA COTE DE CAEN

Les alentours de Caen, le pays, les habitants, les routes et les chemins de fer.

Promenade au Midi de la ville. — Allemagne et Bourbillon. — Vieux, la capitale des Viducasses. — Le Chemin-Haussé. — Esquay. — Le château de Fontaine-Étoupefour. — La Grange et Saint-Pierre de Bretteville-la-Pavée.

Les rives de l'Orne. — Mondeville. — Colombelles. — Le hameau de Lebisey. — Le château de Bénouville. — Sallenelles et Merville. — Oyestreham.

De Caen à Courseulles. — L'Abbaye d'Ardaine. — L'église de Saint-Contest. — Le château de Lasson. — L'église de Thaon. — Le château de Fontaine-Henry. — La vieille forteresse de Creully. — Le Prieuré de Saint-Gabriel. — Colombiers-sur-Seulles.

La côte de Caen. — Courseulles. — Ver-sur-Mer et Mont-Fleury. — Bernières. — Saint-Aubin. — Langrune. — Luc et le Petit-Enfer. — Lion-sur-Mer.

Notre-Dame-de-la-Délivrande. — Douvres. — Mathieu.

Partout autour de Caen il y a des monuments fort anciens, très intéressants, qu'il faut voir; partout il y a de grands souvenirs historiques à évoquer; chaque village possède une église ou une chapelle remarquable; partout s'élèvent des châteaux magnifiques. Les hauts plateaux, légèrement ondulés, sont couverts de riches cultures, coupés de vallées pittoresques où serpentent les petites rivières, les gros ruisseaux au milieu de magnifiques herbages; souvent les versants sont cachés sous des bouquets de bois dont les grands arbres débordent sur les plateaux.

Magnifique et riche pays, où la population est fort dense, active, laborieuse, intelligente; vieille race mélangée, qui unit à l'esprit du Gaulois la tenacité du Saxon, la finesse et la persévérance du Normand; vieille race lettrée qui a conservé, à travers les terribles invasions, les traditions de science de la grande période romaine et des moines diserts et savants dont surent s'entourer, au XIIᵉ siècle, les conquérants normands.

*
* *

Partout autour de Caen, de grandes et belles routes tracent sur le plateau, au milieu des blés verts ou des moissons dorées, leurs grands rubans blancs, enjambant les vallées, suivant parfois leurs versants, vaste réseau dont les lignes principales convergent vers Caen et dont les grandes mailles sont doublées d'un réseau plus fin, plus serré, de routes départementales et de chemins communaux bien ferrés, bien entretenus, qui partout se coupent, s'entre-croisent. — Au Sud-Ouest de Caen, une vieille voie romaine, le Chemin-Haussé, dont on voit encore partout les traces, venait de la pointe extrême occidentale de la Manche, traversait Bayeux, la capitale des Baïocasses, passait à Vieux, l'ancienne capitale des Viducasses, pour aller, au centre de la Gaule, rejoindre Lugdunum, la grande métropole gallo-romaine.

Caen est un grand centre de voies ferrées qui rayonnent autour de la ville dans toutes les directions : la grande ligne maîtresse conduit de Paris à Cherbourg, de l'Est à l'Ouest ; au Nord, une petite ligne conduit à Douvres et à Luc, puis, s'inclinant à l'Ouest, longe le littoral jusqu'à Courseulles ; au Nord-Est, une autre ligne rejoint la côte à Dives, et la suit jusqu'à Trouville ; au Sud, une autre voie ferrée relie directement la capitale du Calvados à Domfront et à Laval ; au Sud-Ouest enfin, une ligne qui n'est encore achevée que jusqu'à Aulnay, et qui sera poursuivie jusqu'à Vire, mettra en communication directe Caen et Granville.

*
* *

Je vous conduirai d'abord *au Sud de Caen*. Nous irons voir les ruines de Vieux, Mondrainville et le château de Fontaine-Étoupefour : commandez la veille votre voiture, et choisissez bien votre attelage. — Vous traverserez, en sortant de Caen, le faubourg de Vaucelles et prendrez la route de Caen à Domfront par Harcourt, grande ligne toute droite que vous suivrez jusqu'au village d'*Allemagne,* au bord de la colline qui domine la rive droite de l'Orne. A votre gauche, à deux kilomètres de distance, vous apercevez le haut clocher d'Ifs, où est né le peintre Tournière, dont vous avez vu, au musée de Caen, un très beau tableau.

Du village d'Allemagne, planté au sommet d'un coteau crayeux, vous découvrez un vaste horizon ; ce bourg avait jadis deux paroisses, deux églises anciennes, qui, l'une et l'autre, sont défigurées par des restaurations maladroites. L'église de la Haute-Allemagne est presque entièrement moderne; sa vieille tour a seule été conservée, elle date du XIIe siècle et est fort intéressante. Le rez-de-chaussée de ce clocher est recouvert d'une voûte dont les nervures se réunissent pour former une clef très originale; l'étage supérieur est voûté en plein cintre : les sections de cette voûte en s'entre-croisant, forment des arcs aigus où l'on veut retrouver l'origine de l'ogive. On a découvert à Allemagne un grand nombre d'anciens tombeaux; quelques uns renfermaient des armes antiques et de vieilles monnaies.

Autour du village, on exploite de belles carrières, d'où l'on tire une pierre de très bonne qualité que l'on désigne sous le nom de « carreaux d'Allemagne »; on y trouve de nombreux et intéressants fossiles. Sur les bords de l'Orne, au-dessous du village, vous apercevez le hameau de *Bourbillon*, où Guillaume le Bâtard fit un effroyable massacre des barons normands qui s'étaient révoltés contre son autorité, et qu'il venait de mettre en déroute au Val-des-Dunes.

Vous continuerez à suivre la route de Domfront jusqu'à *Saint-André-de-Fontenay*, dont l'église a conservé sa belle nef des XIIe et XIVe siècles; le chœur est remarquable : il appartient à l'époque de transition et intéresse les archéologues par les dispositions toute particulières de ses arcades ogivales et de ses voûtes, qui paraissent étrangères au style généralement adopté dans la Basse-Normandie.

Vous quitterez ici la grande route, et prendrez un bon chemin qui descend dans la vallée de l'Orne; vous laisserez à votre gauche, avant d'arriver à la rivière, un grand parc au milieu duquel s'élève une maison moderne et quelques bâtiments insignifiants : c'est là qu'était jadis la grande *Abbaye de Fontenay*, de l'ordre de Saint-Benoît, fondée au XIe siècle par Raoul Tesson.

Après avoir traversé l'Orne, le chemin croise la ligne de

fer de Caen à Domfront, et, par une grande courbe, remonte le versant oriental de la colline jusqu'à *Feuguerolles-
sur-Orne*. A trois kilomètres au Sud-Ouest de ce village,
vous irez voir, au hameau de *Vieux*, ce qui reste de l'ancienne et grande capitale des Viducasses. On a bien souvent fouillé le sol de la vieille ville gallo-romaine et on y
a retrouvé de nombreux vestiges de ses anciens édifices.
Les premières recherches datent de loin : elles furent exécutées en 1580; longtemps abandonnées, elles furent reprises en 1704, puis encore en 1826, par la Société des
Antiquaires de Normandie. Presque tous les débris que
l'on a découverts sont entourés de cendres et portent des
marques d'incendie et de dévastation qui nous montrent
que cette ville n'a pas dû s'éteindre lentement mais qu'elle
a, sans doute, été détruite subitement lors des invasions
saxonnes. C'est à Vieux que l'on a trouvé, en 1580, le
cippe sur lequel est tracée cette inscription gallo-romaine
qui a établi d'une façon certaine la réunion d'un congrès
des Gaules à Lyon. La statue que portait ce cippe avait été
élevée en l'honneur de Titus Sennius Solennis, et un décret,
rendu dans l'assemblée des Gaules, avait désigné l'emplacement sur lequel elle fut érigée dans la capitale des Viducasses. Le marbre de Vieux a été transporté à Saint-Lô où
vous le verrez à l'hôtel de ville, lorsque vous visiterez le
chef-lieu de la Manche.

Après avoir traversé le hameau de *Saint-Martin,* à une
petite distance, vous croiserez une limite bien marquée,
bien visible, l'ancien *Chemin-Haussé,* vieille voie romaine
sur laquelle était bâtie la ville des Viducasses. — Vous
passerez ensuite à *Esquay-Notre-Dame.* L'abside semi-circulaire, le chœur et la tour de son église, sont du style
roman; à la partie inférieure de la tour s'ouvre une porte

dont l'archivolte est décorée d'étoiles; sur le linteau vous
verrez un lion, en bas-relief, grossièrement sculpté.

> A Esquai fu d'ileuc porté
> E devan l'iglise enterré,

dit le vieux poëte gersiais Robert Wace, en parlant de
Hamon Aux Dents, Sire de Creully, de Maisy et de Thori-
gny, qui avait été tué à la bataille du Val-des-Dunes.

Après Esquay, vous croiserez la grande route de Caen à
Aulnay; vous passerez ensuite au hameau de *Tourmauville,*
laissant à votre droite *Baron,* à votre gauche *Gavrus,* et
descendrez dans la jolie vallée de l'Odon, que vous traverserez pour remonter immédiatement sur le plateau qui
borde sa rive gauche. A *Mondrainville,* vous rejoignez la
grand'route de Caen à Granville par Vire; le village est
groupé autour d'une vieille église du XIIIe siècle que vous
devez visiter. M. A. de Caumont a attiré l'attention des archéologues sur le portail de cet édifice; il leur a signalé
les petites têtes entablées, très légères, à longues oreilles,
qui ornent une des archivoltes; on retrouve ces mêmes
têtes à la façade latérale Sud, sur une porte dont le tympan
est formé d'une pierre fort ancienne, provenant sans doute
d'une église antérieure, et sur laquelle on lit une curieuse
inscription. — Etienne Duval, Sire de Mondrainville, dont
vous avez vu à Caen, dans la cour de la Monnaie, les beaux
hôtels, est né, dit-on, dans ce village.

Le *château de Gavrus,* qui appartient au Comte de
Jumilhac, n'est pas éloigné; il est entouré d'un vaste parc,
fort beau, admirablement peuplé de toutes espèces de
gibier.

A votre gauche, sur le versant d'une colline, vous apercevez *Grainville-sur-Odon,* dont l'église, construite à diverses époques, est fort bien conservée; la nef date de la fin du xie ou du commencement du xiie siècle; vous remarquerez une jolie porte cintrée dont l'archivolte, ornée de tores, est bordée d'une cimaise à billettes; les colonnes, surmontées de chapiteaux assez grossiers, posent sur des bases taillées en chanfrein; au Nord, dans l'angle formé par le chœur et la nef, se dresse une tour couverte en bâtière, percée de belles fenêtres prismatiques à compartiments flamboyants, avec des contre-forts appliqués sur ses angles; elle date du xve siècle.

L'église de *Mouen,* gros bourg que vous voyez en face de vous, à gauche de la route, a été construite, dans le style roman, au xiie siècle; les murs latéraux de la nef et du chœur, ainsi que le chevet, sont décorés d'arcatures dont les colonnes supportent des archivoltes ornées de zigzags; la toiture est portée par des modillons bizarres; le portail de la façade occidentale est entouré d'un double rang de moulures garnies de zigzags et de têtes plates.

Au *Bas-Mouen,* après avoir de nouveau croisé le Chemin-Haussé, vous quitterez la route de Caen, et prendrez, à votre droite, un chemin qui descend dans la vallée de l'Odon, franchit les deux bras de la petite rivière, et vous conduit à Fontaine-Étoupefour. Traversez le village, jetez un coup d'œil sur la façade de l'église, sur sa porte couverte d'une ogive très obtuse, ornée de têtes plates barbues; puis, par de magnifiques avenues, allez jusqu'au château.

Construit sous le règne de Louis XI ou Louis XII, le *château de Fontaine-Étoupefour* contient deux vastes corps de logis couverts de hautes toitures sur lesquelles se détachent d'élégantes lucarnes; il est placé au fond d'une cour, entouré d'eau de tous côtés. — La partie la plus intéressante de ce château est, sans contredit, le remarquable pavillon qui jadis servait d'entrée au château : c'est une élégante et haute construction à quatre pignons aigus ; à l'intersection des toits s'élève un gracieux clocheton, couvert en ardoises, et terminé par un magnifique épi en plomb finement découpé. La façade extérieure où s'ouvre la porte, aujourd'hui murée et qui autrefois était munie d'un pont-levis, est plus ornée : deux gracieuses tourelles, sortant de l'eau des fossés, s'élèvent cylindriques jusqu'à la base de la toiture ; là, elles prennent la forme octogone, et se terminent ensuite par de hautes pyramides à huit pans ornées, sur leurs arêtes, de crochets et d'animaux rampants. Entre ces deux tourelles vous voyez, au rez-de-chaussée, une grande porte cintrée, sans aucun ornement, au-dessus de laquelle s'ouvrent, l'une au premier étage, l'autre dans le pignon, deux très belles fenêtres encadrées de moulures et d'entrelacs, et divisées par des meneaux formant la croix ; au-dessus de ces fenêtres, entre les deux pyramides qui couronnent les tourelles, s'élève un magnifique fronton aigu dont les rampants sont très ornés, et dont le tympan est couvert de sculptures malheureusement fort mutilées : on y distingue difficilement des anges et un écusson.

Vous rejoindrez à *Verson* la route de Caen. La vieille église de ce village est intéressante ; son chevet est orné, à la base, de gracieuses arcatures trilobées au-dessus desquelles s'ouvrent de belles fenêtres cintrées. — Voici *Bretteville-la-Pavée*, ancienne Baronnie, qui, à la fin du Xe siècle, avait été donnée aux Moines du Mont-Saint-Michel par Gonnor, seconde femme du Duc Richard Sans Peur. Il faut voir ici une vieille grange qui avait été construite par les religieux, elle date du XIVe siècle ; ses deux portes sont précédées, l'une et l'autre, de beaux porches ; elle est, dans sa longueur, divisée par deux rangs d'arcades ogivales qui forment, comme dans une église, une nef et des bas-côtés. L'église Saint-Pierre, de Bretteville, servait de chapelle aux moines qui l'avaient fait construire pendant la moitié du XIIe siècle ; elle est en ruine. Le chœur, qui est presque intact, communiquait avec la nef par une arcade ornée de losanges ; les modillons des murs latéraux sont tous bizarres, quelques-uns sont obscènes. Avant de rentrer à Caen, vous passerez au hameau de *Haut-Venoix*, et apercevrez, à votre droite, dans la vallée du Vieil-Odon, le village de Venoix, où est enterré le poëte *Brébeuf*, l'auteur de *la Pharsale*.

*
* *

La vallée de l'Orne, depuis Caen jusqu'à l'embouchure de la rivière, est très pittoresque ; elle mérite d'être vue; il faudra vous procurer un bon bateau, conduit par un vieux matelot prudent et habile, et, à l'heure de la marée descendante, vous faire mener à Oyestreham.— En sortant du port, la rivière passe d'abord entre les deux belles promenades qui couvrent ses deux rives, les *cours Caffarelli* et *Montalivet*. « Quatre rangées d'ormes, — dit M. L. Enault, — règnent sur toute leur étendue; de là, l'œil embrasse avec ravissement les coteaux de Monteville, de Colombelles, d'Hérouville-Saint-Clair et de vastes prairies plantées de saules ». Aussitôt que vous aurez dépassé ces avenues, vous verrez à votre droite, sur une colline, au fond d'une étroite vallée, les beaux ombrages de *Mondeville :* ce village, auquel conduit une jolie route, est, en été, un but de promenade pour les habitants de Caen. — Du même côté, au bord de la rivière, s'étalent les maisons et le moulin de Clopée; à votre gauche, sur l'autre rive, les grands peupliers qui bordent le canal cachent la maison des Gens d'armes ; au-dessus de leurs longues lignes vertes, vous revoyez la magnifique abside de l'Eglise de la Sainte-Trinité, les bâtiments de l'Hôtel-Dieu et les grands arbres de son parc.

Toute cette vallée est d'une fraîcheur remarquable ; les longues prairies sont couvertes de hauts herbages tout fleuris, coupées de lignes basses formées par les saules rabougris, de grandes et hautes rangées de peupliers élancés ; le paysage est gai, riant, animé. Jusqu'au delà de *Ranville*, la rivière longe, les serrant de près, suivant toutes leurs sinuosités, les collines peu élevées de sa rive droite, tandis que le canal de Caen à la mer étend, aux pieds des coteaux légèrement inclinés de la rive gauche, ses longues lignes toutes droites.

La rivière vient de former un grand coude et prend la direction du Nord ; groupant ses maisons sur le versant de la colline, le village de *Colombelles* nous montre le clocher de son église romane. « On y remarque, à l'Ouest, — dit M. A. de Caumont, — une belle porte cintrée à deux archivoltes ornées, l'une de zigzags, l'autre de frètes crénelées et reposant sur deux colonnes. Cinq arcatures à colonnes forment le second ordre au-dessus du gable ; toute cette façade est encadrée par des contre-forts symétriques et construits avec soin. Une autre porte assez élégante s'ouvrait dans le mur latéral de la nef au Nord. Les colonnettes qui supportent les archivoltes ont des chapiteaux historiés ; sur l'un d'eux est un personnage ailé qui ne peut être qu'un ange, et une autre figure très altérée. » L'église est décorée d'arcatures romanes à l'intérieur.

Le château, que vous apercevez au milieu d'un grand parc bien ombragé appartient à Mme la Comtesse de Laistre, née de Pas de Beaulieu. Sur la rive gauche, ne face de Colombelles, assez éloigné de la rivière, de l'autre côté du canal, à moitié caché derrière les plantations qui le bordent, vous voyez *Hérouville-Saint-Clair*, qui a une belle église romane du xie siècle. — Le jour de la fête du Saint patron de l'église, une assemblée nombreuse se tient, chaque année, à Hérouville ; les pélerins viennent en foule des villages avoisinants y baigner leurs yeux dans l'eau d'une fontaine miraculeuse. — Un peu en aval du village, vous passerez auprès du hameau de *Lebisey* ; dans le beau parc qui entoure le château du Marquis de Guercheville se dresse encore la vieille chapelle d'un ancien prieuré. On a fait, à Lebisey, des fouilles qui ont amené la découverte d'une antique vîlla gallo-romaine, de débris curieux et de médailles assez nombreuses, sur les exergues desquelles sont inscrits les noms de Gallien, de Tetricus et de Victorinus.

Sur la rive droite de la rivière qu'il domine, voici le hameau de *Longueval* ; en face, *Beauregard* ; puis le village de *Blainville* où, comme à Lebisey, l'on a trouvé dans l'enceinte, très bien conservée, d'un camp romain, de nombreux objets de l'époque gallo-romaine, médailles et cercueils en pierre. Vous passerez ensuite au-dessous de *Ranville* : le château appartenait à la famille de Guernon-Ranville, dont un des membres a été ministre de Charles X. En aval de ce village, en face de Bénouville, — rive gauche, — votre embarcation passera sous un remarquable pont tournant en fer construit en 1870 ; entre Caen et la côte, c'est le seul pont reliant les deux rives de l'Orne. — *Bénouville* groupe ses maisons à l'issue d'une étroite vallée. Son église est assez jolie ; le chœur date du xiiie siècle. Vous apercevez plus loin, placé dans un site très pittoresque, entouré d'un parc magnifique, un immense château de style italien, construit à la fin du siècle dernier : c'est le château de Bénouville, résidence d'été de M. Paul de Janzé. Sur la colline, à deux kilomètres de la rivière, toujours sur la rive gauche, pointe le clocher de *Saint-Aubin-l'Arquenay*.

Vous parcourez maintenant la partie de la rivière qui a été canalisée à la fin du siècle dernier; vous vous éloignez des collines de la rive droite qui du reste déjà s'abaissent et vont bientôt se transformer en dunes; vous serez bientôt dans l'*estuaire de l'Orne*, large triangle sablonneux dont la base paraît être fermée par la Pointe du Siège, au-delà d'Oyestreham.

Voici, à votre droite, *Amfréville* et *Bréville*, deux villages qui paraissent n'en faire qu'un; puis, le beau château d'Amfréville, propriété de M. Castel; puis, *Sallenelles*, et enfin, au bord du rivage, presque dans les dunes, *Merville*. Vous avez déjà, pendant votre séjour à Cabourg, parcouru tous ces villages.

A votre gauche, la grosse tour romane de l'église d'*Oyestreham* domine le village et le port; je vous ai déjà décrit cette localité si curieuse, cette petite ville de bains si originale, trop peu connue. — Vous y mangerez des coquillages bien frais et une bonne tranche de jambon arrosée de cidre, puis vous reviendrez à Caen, soit en voiture, soit en bateau; la route de toute façon est charmante. — Un chemin qui longe la côte à l'Ouest conduit à *Lion-sur-Mer*; la distance n'est pas longue, cinq à six kilomètres : c'est une belle promenade qu'il vous faut faire si vous aimez à marcher; vous reviendrez alors à Caen en chemin de fer, par Luc et Douvres-la-Délivrande.

*
* *

Je voudrais vous montrer en une seule journée l'Abbaye d'Ardaine, Saint-Contest, les châteaux de Lasson, de Fontaine-Henry, de Creully; vous conduire le long de la Seulles, par Colombiers et Reviers, jusqu'à Courseulles, où vous coucheriez; vous reviendriez ensuite à Caen, en suivant la côte, et en visitant toutes les petites stations balnéaires qui se suivent, l'une touchant presque l'autre, jusqu'à Lion-sur-Mer. — Faites mettre dans les coffres de votre voiture un bon déjeuner froid; emportez votre vin; vous trouverez en route du bon cidre et une omelette. Il faut partir de très bon matin, la course est longue.

Vous traverserez la ville, encore déserte, qui s'éveille à peine; vous passerez près de Saint-Etienne, et prendrez la route de Cherbourg, que vous suivrez jusqu'à *Saint-Germain-la-Blanche-Herbe*. — Avant d'arriver au village, à votre gauche, sur l'emplacement de la maladrerie qu'avait fondée, en 1160, le roi Henry II, vous verrez un grand bâtiment carré, entouré de fossés, d'un aspect triste et sombre : c'est la *prison de Beaulieu*. Passez sans vous arrêter. Traversez le village; votre voiture prendra, à droite, un chemin en pente qui conduit à l'*Abbaye d'Ardaine*.

Cette Abbaye dépendait de l'ordre des Prémontrés; elle avait été fondée, en 1121, par Aïulphe du Marché et Asseline sa femme; elle fut protégée et dotée par Richard Cœur de Lion et par Jean sans Terre. — Ses restes sont assez importants. L'entrée nous montre deux portes fort anciennes, l'une cintrée, l'autre en ogive. Dans la cour vous verrez une vieille grange qui vous rappellera celle que vous avez visitée à Bretteville-la-Pavée, mais qui est plus vaste; les arcatures qui la divisent sont portées par des colonnes cylindriques.

L'église dont il ne reste malheureusement que la nef, est remarquable par la légèreté et l'élégance du vaisseau; cette nef, accompagnée de collatéraux, est flanquée, à ses quatre [angles, de tourelles octogones avec contre-forts qui contiennent des escaliers. La façade date du xvie siècle; elle est percée à sa base de trois belles portes : celle du centre qui remplit tout l'espace laissé entre les tourelles, est fort belle, fort élancée, richement décorée; le bas-relief qui orne son tympan, et dont la distribution est tout-à-fait particulière, est, malheureusement, en fort mauvais état. Au-dessus de la porte une grande baie, dont l'ogive est beaucoup plus obtuse, est garnie, d'arcades surmontées d'une grande rosace rayonnante; la partie inférieure du pignon est décorée d'une riche arcature à frontons aigus dont les entre-colonnements sont percés de trèfles et de quatrefeuilles. — L'Abbaye d'Ardaine, dans le cours des siècles, a subi bien des désastres : au xiiie siècle l'Abbé et vingt-cinq religieux furent tués dans l'église, écrasés sous les débris des voûtes qui s'étaient subitement effondrées; les guerres continuelles qui désolèrent le pays au xive siècle, les troubles religieux qui, au xvie, causèrent tant de malheurs, atteignirent et ruinèrent plusieurs fois la riche Abbaye des Prémontrés.

Remontez en voiture, vous traverserez le *hameau de Cussy* et pourrez aller à *Authie*, voir une vieille église de style roman : une tour du xiiie siècle, couverte en bâtière, sépare la nef du chœur qui a probablement été édifié au xiie siècle; dans le collatéral Sud, vous remarquerez une porte bouchée, dont le tympan est orné de deux animaux affrontés et derrière laquelle paraît une tête à oreilles. Revenez à Cussy, pour prendre le chemin qui vous conduira à *Saint-Contest*.

M. D. Ramée, dans son *Histoire générale de l'Architecture*, a donné le dessin d'une très curieuse travée extérieure de cette église, dont il dit : « Au nombre des édifices de la seconde moitié du XIIe siècle, il faut ranger le chœur de l'église de Saint-Contest, près Caen. On y voit des fenêtres cintrées, ayant l'archivolte ornée de zigzags et portée sur des colonnettes. Ces fenêtres et la corniche à modillons ou corbeaux qui forme l'entablement, annoncent l'époque de transition. Quelques-uns des cintres des fenêtres offrent même une ogive très obtuse. »

Au Nord du hameau, l'on aperçoit les beaux *châteaux de Galmanche* et *de Mâlon* : ce dernier appartient à M. Le Courtois du Manoir. Vous rejoindrez la route de Creully, passerez aux hameaux de *Buron* et de *Vieux-Cairon;* à gauche, vous apercevez *Rosel,* qui a une église dont la tour romane, décorée d'arcatures, est fort jolie; puis vous traverserez une ravissante petite vallée, où coule un frais ruisseau, et, après avoir franchi une colline peu élevée, vous descendrez au village de *Cairon,* bâti sur les deux rives de la Mue. A un kilomètre au Sud-Ouest, sur la rive gauche de la petite rivière, s'élève le *château de Lasson* qui appartient au Marquis de Montalembert d'Essé. C'est une merveille du style renaissance, édifiée sous le règne de François Ier. M. Léon Palustre y retrouve et nous y montre certains détails qui caractérisent les œuvres connues du grand architecte Caennais Hector Sohier, auquel, du reste, il attribue la construction du château de Lasson.

Ne cherchez pas ici un monument aux grandes lignes architecturales ; comme tous les édifices de la Renaissance, Lasson brille plus par son ornementation, par ses détails, que par son ensemble; mais la disposition particulière des deux corps de logis faisant saillie l'un sur l'autre, la magnifique porte d'entrée dont l'ornementation monte du sol jusqu'à la frise, les belles fenêtres encadrées de riches moulures et de pilastres ornés, l'aiguille élancée qui se dresse, orgueilleuse, à l'angle du pignon du bâtiment le plus avancé, les entablements, les frises, les lucarnes cintrées, les hautes cheminées, couronnées de fleurons, tout cela forme un édifice très mouvementé, très original, très beau.

Au-dessus du corps de logis principal, une balustrade simulée, qui court sur toute sa longueur en-dessous des lucarnes, est ornée de losanges et de médaillons et porte un second couronnement; les lucarnes cintrées n'ont certainement jamais été terminées : elles devaient être plus hautes, plus ornées, enserrées probablement dans une accolade qui aurait rappelé celle qui orne le fronton cintré de la porte d'entrée. — Quatre grandes fenêtres s'ouvrent dans cette partie du bâtiment, deux à chaque étage, l'une au-dessus de l'autre, encadrées par de magnifiques pilastres couverts de sculptures. — La porte d'entrée, placée entre deux pilastres semblables à ceux des fenêtres, et qui, comme eux, montent du sol jusqu'à la balustrade, est décorée, au-dessus de son linteau sculpté, d'un fronton demi-circulaire repris dans une accolade aiguë, fort ornée, et qui se termine en panache, entre deux beaux médaillons ronds, encadrés dans des carrés, et au centre desquels sont sculptées des têtes. Sur le fronton, vous voyez les armes de la famille Thézart à laquelle Lasson appartenait au XVIe siècle : «*d'or à la fasce d'azur accompagné en chef d'une rose de gueules*».

A l'angle du bâtiment en saillie, se dresse un contre-fort dont la composition est assez singulière : le pinacle très élancé qui le surplombe est posé, par rapport à sa base, en diagonale; sur chacune de ses faces, il est accompagné d'un candélabre de même style que ceux de Saint-Pierre de Caen, et il est, au sommet, terminé par un même ornement. Ce bâtiment, — à gauche, — est moins richement décoré; il est percé de trois fenêtres inégales, orné de pilastres et recouvert d'une balustrade à losanges coupée, au milieu, par un cartouche à grande corniche saillante. — Les hautes cheminées de Lasson sont fort belles; l'architecte leur a donné une grande importance, elles sont couvertes de sculptures.

Sur le couronnement inférieur du corps de logis de droite, on lit les deux mots : SPERO LACON, tracés en lettres fleuries, éloignées les unes des autres. Vous retrouvez ces deux mots au commencement de l'inscription, gravée en caractères romains, sur le cartouche placé au-dessus de l'aile gauche. — Voici cette bizarre inscription, que longtemps on n'a pas su expliquer :

SPERO LACON BY ASSES PERLEN

Ces seigneurs de la Renaissance étaient de fins lettrés, un peu maniérés, aimant les énigmes; ils savaient les langues mortes ou vivantes. Le créateur de Lasson n'a pas été assez orgueilleux pour dire à tous, en bon français, que son château est une perle; mais, pour les délicats, pour ses pairs en science et en maniérisme, il l'a dit en cinq mots de langues différentes. — M. A. Buret, dans le Bulletin de la Société des Beaux-Arts de Caen, a donné l'explication suivante de cette inscription :

« SPERO : je n'ai pas besoin de dire que ce mot est latin, et qu'il signifie *j'espère*.

« LACON n'est autre chose que *Lasson*. Il s'écrivait jadis, —

c'est M. de Caumont qui nous l'apprend, — *Lacon* et *Lachon;* ce n'est qu'une question de cédille.

« BY. Ici l'oreille est plus satisfaite que la vue, et l'écrivain a commis une faute d'orthographe. Au lieu d'un Y, il aurait fallu un E, car ce mot n'est autre chose que le verbe anglais *to be, être,* et qui, comme l'on sait, se prononce *by;*

« Quant à ASSES, c'est tout simplement du français à la portée de tout le monde. On sait, d'ailleurs, qu'à cette époque le mot *assez* se terminait par un *s,* et non par un *z.*

« Reste maintenant PERLEN. La terminaison de ce mot indique assez qu'il est d'origine allemande; c'est le pluriel du mot *perle,* qui a la même signification qu'en français, et il semble que l'auteur de l'inscription ait voulu en faire un adjectif.

« Réunissons tout cela et voyons si tous ces mots rassemblés forment un sens.

« Nous trouvons : *Lasson, je l'espère, est-il assez joli!* »

Il faut visiter, si le très gracieux propriétaire de ce château veut bien vous y autoriser, la très belle salle de billard, qui est luxueusement décorée; la cheminée est magnifique, les murs sont tendus de splendides tapisseries des Gobelins, le plafond est recouvert de peintures qui doivent avoir été exécutées, je le crois du moins, au commencement du XVIIIe siècle. Le parc anglais est très grand : la Mue y promène ses eaux tranquilles et limpides, les plantations sont fort belles : on remarque surtout des platanes énormes.

Après avoir visité Lasson, vous reprendrez la route de Creully que vous suivrez pendant quelques instants, et, après avoir franchi le petit ruisseau de Chizonne, vous prendrez à votre droite, en face de Camilly, un bon chemin qui vous conduira à Thaon et à Fontaine-Henry.

Thaon est un village assez important où vous vous arrêterez pour visiter une très remarquable église, des xie et xiie siècles, qui est considérée, par tous les admirateurs de nos vieux monuments, comme un des plus beaux exemples de l'architecture romano-normande. — Le clocher, du xie siècle, primitivement construit sur le porche de l'église, a conservé sa pyramide peu élevée, trapue et carrée.

« Ce clocher, — dit M. Viollet-le-Duc, — est pour nous d'autant plus intéressant qu'il est encore empreint des traditions défensives des tours primitives élevées sur les porches. Son escalier, qui, du rez-de-chaussée jusqu'au-dessous de la voûte du porche, est pris aux dépens de l'épaisseur d'une des quatre piles, ne reprend sa révolution, à partir du premier étage, que le long de la pile opposée, de manière à interrompre ainsi la circulation. De plus, le clocher au-dessus du rez-de-chaussée s'élève en retraite sur les arcs-doubleaux intérieurs du porche, de façon à laisser entre l'étage inférieur et le clocher proprement dit, au niveau du dessous, de la voûte de ce porche, une sorte de chemin de ronde qui pouvait bien être primitivement muni d'un parapet de défense... C'est là, du reste, un charmant édifice. La pyramide est à base carrée, forme qui se retrouve beaucoup plus tard dans les clochers normands, et se compose d'assises basses posées en retraite les unes sur les autres. Elle n'est ornée à sa base et vers le milieu de ses arêtiers que par des têtes saillantes d'animaux. Quatre lucarnes, ou plutôt quatre baies carrées, l'ajourent au-dessus de la corniche. » — Cette tour est percée, aux deux étages supérieurs, sur chacune de ses quatre faces, de belles fenêtres en plein cintre et géminées.

La nef, dont les bas-côtés ont été détruits, et le chœur sont du xiie siècle; ces deux parties de l'église, séparées par le clocher, sont de hauteurs inégales. Les murs extérieurs sont partout décorés d'arcatures, et leurs parements sont ornés « d'écailles de forme carrées qui rappellent ces revêtements de bardeaux si fort en usage dans les constructions privées construites en pans de bois ».

Tout le pays que vous parcourez est assez accidenté, mamelonné, coupé de nombreux cours d'eau, ruisseaux et petites rivières ; les vallons que vous suivez sont bordés de riches et plantureux pâturages, où vivent et s'engraissent de magnifiques bestiaux, où grandissent en liberté ces beaux chevaux normands ; les coteaux arrondis que vous gravissez sont coupés de grandes lignes d'arbres ; partout vous apercevez les clochers des riches villages, les grandes masses ombreuses des beaux parcs où se cachent de nombreux et remarquables châteaux.

En sortant de Thaon, la route longe à mi-côte les collines qui s'élèvent sur la rive gauche de la Mue, puis redescend dans la vallée, à *Fontaine-Henry*. — Avant d'arriver au village, vous trouvez à votre droite le magnifique château, somptueuse résidence d'été du Marquis de Cornulier. Vous parcourrez ce grand parc si bien planté, si bien arrosé, si bien tracé ; vous verrez ses rochers si pittoresques.

Le *château de Fontaine-Henry* contient quelques parties fort anciennes appartenant aux différentes époques du moyen-âge ; mais votre attention sera tout d'abord attirée par le corps de logis qui occupe le centre de l'édifice et qui est magnifiquement orné dans le style civil ogival, et par le gros pavillon de style Renaissance construit bien probablement pour les d'Harcourt par le même architecte qui, à Caen, a édifié, pour Nicolas le Valois, le bel hôtel d'Écoville. — M. A. de Caumont nous a donné une excellente description de cette portion de l'édifice : « Les fenêtres de la partie droite sont surmontées d'arcades en forme d'accolades et ornées de panaches et de feuillages frisés.

Deux tours

carrées rompent la monotonie des lignes horizontales.

L'une est surtout remarquable par ses moulures, l'autre paraît plus ancienne que tout le reste, et semble dater de la fin du xve siècle. A partir de la première tour, le style change complètement. Des arabesques, des rinceaux de la plus grande finesse, couvrent les murs avec profusion; l'entablement prend des proportions classiques. On voit le millésime 1537 sur un arc des fenêtres de l'aile gauche. Les combles, extrêmement élevés, de cette aile et sa cheminée colossale dominent tout l'édifice. La grandecheminée n'est guère moins considérable que celles de Chambord. Sur un des angles du pavillon se trouve une élégantetourelle à pans coupés, ornée de moulures et de médaillons. Une tour plus élevée, et au long toit conique, garnit l'angle opposé du même pavillon. Plusieurs têtes en bas-relief décorent la partie supérieure des fenêtres. » — J'ajouterai ici ces quelques lignes de M. L. Palustre : « Certes, l'amour du colossal n'a jamais été poussé plus loin, et le gros pavillon... ne manque pas de frapper tout d'abord par ses proportions extraordinaires. Surtout on remarque que plus de la moitié de la hauteur totale est occupée par la toiture. Nous ne croyons pas qu'il existe ailleurs rien de semblable. Quant au gigantesque tuyau de cheminée qui perce cette grande masse d'ardoises, pour la richesse de l'ornementation, il n'a d'analogue qu'au château de Chambord. »

La chapelle de Fontaine-Henry a été probablement élevée au xiiie siècle; sur ses murs extérieurs vous verrez des croix gravées dans la pierre, et, à l'intérieur, vous remarquerez les sièges de pierre creusés dans les entre-colonnements des arcatures ogivales qui décorent ses murs latéraux.

Si vous avez obtenu la permission d'entrer au château, vous lirez, dans un cartouche, l'inscription suivante :

« On voit icy le povrtraict
De Jvdith la vertvevse,

Come par vn havtain faict
Covppa la teste fvmevse
D'Holophernes, qvi l'hevrevse
Iervsalem evst defaict. »

Au-dessus on voit, sculptée en ronde bosse, Judith, à mi-corps, élevant de sa main gauche la tête d'Holopherne, tandis que sa main droite tient encore l'épée qui a servi à venger les Hébreux.

Le chœur, roman, et une porte latérale de l'église du village méritent d'être vus ; la façade, moderne, n'offre aucun intérêt.

Après avoir traversé le village de Fontaine-Henry, vous irez rejoindre, à *Pierrepont,* la route de Creully ; vous traverserez la vallée de la Thue, et prendrez à votre droite un chemin qui longe, d'abord la petite rivière, puis bientôt s'enfonce dans une étroite vallée où serpente le ruisseau de Manneville ; les versants des collines sont plantés de hêtres séculaires. Dans un site ravissant, tout vert, tout frais, au milieu de jardins coupés de douves, vous verrez un très joli château du temps de Louis XIII, propriété de Mme la Marquise de Turgot. La façade du *château de Lantheuil* a dû être remaniée postérieurement : les pilastres ioniques que l'on y voit ne sont certainement pas de la même époque que le château.

Vous irez maintenant, sur les bords de la Seulles, à *Creully,* gros bourg fort ancien, dont les puissants Barons ont joué à différentes époques un rôle important dans l'histoire de la Normandie. — Je vous ai dit, quand vous passiez à *Esquay,* qu'un Hamon, Baron de Creully, tué à la bataille du Val-des-Dunes, y avait été enterré. Son fils, Robert Hamon, qui s'était réconcilié avec le grand Bâtard de Falaise, prit une part importante à la conquête de l'Angleterre, et devint Comte de Glocester et de Bristol. — La seigneurie de Creully passa, par le mariage d'une des filles de Robert Hamon, à Robert de Kent, fils naturel de Henry Ier. — Au XVe siècle, Creully, ravi à ses possesseurs légitimes, fut donné, par Henry V d'Angleterre, alors maître de la Normandie, au chevalier anglais Hertaux de Vauclos. Les Barons de Creully ne rentrèrent en possession de leur domaine qu'après la bataille de Formigny. — En 1678, Colbert, le grand et illustre ministre de Louis XIV, acheta le château et la Baronnie.

La vieille forteresse des Sires de Creully est un monument pittoresque et imposant: elle a été pendant longtemps un des plus importants châteaux-forts de la Basse-Normandie. Au milieu des constructions de diverses époques qui composent le château actuel, vous retrouverez facilement l'emplacement et les restes des antiques constructions. « Ce château, — dit M. A. de Caumont, — était à peu près carré; les bâtiments principaux paraissent avoir été adossés aux murs du Nord, où l'on voit encore des salles voutées à plein cintre, comme nos églises du XIe siècle. Le donjon, qui forme aujourd'hui le corps principal du château, est d'une époque ancienne, mais qu'il est difficile de déterminer à cause des changements qu'il a subis pour devenir habitable: l'addition semi-sphérique que l'on y remarque dans la façade est évidemment du XVIe siècle. Les tours d'observation qui accompagnent le donjon ne paraissent pas antérieures au XVe siècle. Les écuries ont été construites par Antoine III de Sillans, mort en 1641. La première enceinte et la longue allée qui mène à la cour du château n'offre rien de très ancien dans les constructions que l'on y voit à présent. Il faut se placer près du pont de la Seulles, au delà du moulin, pour avoir une vue d'ensemble des remparts et de la partie Ouest du château : c'est de ce côté que les constructions offrent l'aspect le plus pittoresque. Deux tours do-

minent le massif : l'une, octogone, terminée par une plate-
forme, et qui ne doit pas remonter au delà du xve siècle,
était, à cette époque, la tour d'observation d'où l'on surveil-
lait le pays ; on découvre du haut de cette tour la cathé-
drale de Bayeux et un bel horizon ; près d'elle une ancienne
cheminée s'élève comme une colonne et paraît aujourd'hui
d'une hauteur exagérée, parce que l'on a supprimé, pour
faire des plates-formes, le toit et une partie de l'étage qui
existait à sa base. — L'autre tour, qui s'élève assez haut sur
le rempart même, est terminée par un appartement carré,
lequel fait saillie sur les murs de la tour et qui était défendu par des mâchicoulis : ce petit appartement, couvert
par un toit d'ardoise formant une pyramide à quatre pans,
ne paraît guère antérieur au règne de Louis XIII. »

. L'église de Creully, qui est auprès de l'entrée du château
nous montre une belle nef avec bas-cotés et un chœur à
chevet droit de style roman. Les arcades de la nef sont ornées de zigzags et portées sur des piliers garnis de colonnes engagées à chapiteaux godronnés ; la corniche extérieure est décorée de modillons où sont sculptées des figures
grimaçantes. Nous verrons encore à Creully une vieille halle
très curieuse qui a été construite au xviie siècle par Antoine
de Sillans. — Au *hameau de Creullet*, sur l'autre rive de la
Seulles, en face de Creully, on vous montrera quelques restes d'un ancien manoir et une chapelle qui en dépendait,
construite, en partie du moins, au xve siècle.

Mais il me faut vous conduire à deux kilomètres au Sud-
Ouest du bourg, pour vous y montrer les magnifiques ruines
du *Prieuré de Saint-Gabriel* qui avait été fondé, au xie siècle,
par Richard, Baron de Creully. — Vous y pénétrerez par
une entrée monumentale, qui date en partie du xiiie siècle,
et se compose de deux portes dont l'une, la plus grande,

est couverte d'un arc surbaissé et ornée, sur ses pieds-
droits, de colonnettes ; les passages sont voûtés et surmontés d'un étage où étaient des logements ; le bâtiment est
décoré d'arcatures ogivales au-dessus desquelles on voit,
dans la corniche, des modillons plats. La vaste cour contient diverses constructions, entre autres le manoir, très
intéressant, et les ruines de l'église, une des plus belles que
l'on puisse voir. « L'église, — dit M. G. Mancel, — antérieure à la conquête de l'Angleterre par les Normands,
réunissait tous les caractères de l'architecture romane ; le
chœur est encore debout : c'est un carré long, sans transept,
divisé en trois galeries inégales, et terminé à l'Orient par
une abside. Il paraît certain que la longueur de la nef était
deux fois plus considérable que celle du chœur, et qu'elle a
été détruite, il y a près d'un siècle, avec la tour ; le témoi-
gnage des habitants ne laisse aucun doute à cet égard.
Dans son état actuel, le monument offre un carré divisé en
trois nefs. La nef centrale est terminée par une abside, les
deux bas-côtés par des murs droits. Chacune des ailes, à
l'intérieur, communique avec la galerie centrale par deux
belles arches cintrées de huit pieds d'ouverture et hautes de
douze pieds environ. Elles sont soutenues par un pilier qui
n'a pas moins de cinq pieds de diamètre, et autour duquel
se groupent des colonnes engagées de forme cylindrique.
Deux de ces colonnes, plus saillantes que les autres,
s'élancent au-dessus des arches qu'elles séparent, jusqu'à
la naissance de la voûte du chœur, environ à trente pieds
du sol. Les chapiteaux qui les terminent supportent un
cintre en maçonnerie engagé dans la voûte, et qui la divise
en deux parties égales : ensuite, des quatre extrémités du
rectangle, partent deux autres arches qui se coupent diago-
nalement, en sorte que leur point d'intersection se trouve

sur la première. On signale les fenêtres et une galerie supérieure qui règnent autour de l'abside comme la partie la
plus curieuse de l'édifice. D'abord, trois rangs de fenêtres
s'élèvent les uns au-dessus des autres. Le premier rang
servait à éclairer les bas-côtés ; elles y sont au nombre de
quatre, deux au Nord et deux au Midi ; chacune d'elles
correspond à l'ouverture d'une des arches de la nef. Le
deuxième rang comprend de chaque côté six ouvertures
beaucoup plus hautes que larges, mais surtout très profondes ; immédiatement posées au-dessus des arches de la
nef, elles laissent entre elles peu d'intervalles. Enfin, le
troisième rang ne compte, comme le premier, que quatre
ouvertures, qui ressemblent beaucoup à celles des bas-côtés et
dont le cintre va toucher la voûte. »

Vous verrez avec intérêt une table de pierre portée sur
un pied cylindrique qui est, à son centre, creusé en forme
de canal, c'était la piscine du sanctuaire ; elle est décorée
de quelques sculptures. Une pierre tombale est aussi intéressante, quoique brisée : un religieux y est représenté,
couché sur le dos, la tête reposant sur un coussin, les
mains croisées sur la poitrine, ayant un chien couché à
ses pieds. — Vous vous arrêterez un instant pour bien
examiner le charmant pavillon du xvᵉ siècle qui fait partie du
manoir ; puis vous irez à l'extrémité du mur d'enceinte, le
long du chemin, voir une vieille tour carrée, donjon ou
tour de justice, qui est divisée en deux étages ; la partie inférieure, où l'on n'accédait que par un trou percé au-dessus de
la voûte, servait sans aucun doute de prison.

Revenez à Creully ; ne prenez pas la grande route de
Bayeux à Courseulles, mais le chemin qui, de *Tierceville*,
village insignifiant, suit le cours de la Seulles, passe à Colombiers-sur-Seulles, auprès d'Amblie et à Reviers. Il est

beaucoup plus pittoresque, plus **agréable** à parcourir : la vallée de la Seulles, dans cette partie de son cours, est vraiment ravissante. — *Colombiers* a une église romane des XIᵉ et XIIᵉ siècles, dont la vieille tour est très belle ; en face d'un calvaire, à droite de la route, vous verrez une vieille pierre druidique que la carte du dépôt de la guerre signale sous le nom de *pierre très ancienne*. — *Amblie* est tout proche ; le village s'élève sur le bord opposé de la Seulles, — rive droite, — au point où la Thue vient y déverser ses eaux. Son église a une belle nef romane, dont un des bas-côtés a été reconstruit de notre temps dans un style ogival d'occasion. La seule partie intéressante de l'édifice est la façade Ouest : sa porte est entourée d'un tore orné d'anneaux, motif de décoration tout à fait exceptionnel dans le pays que nous parcourons. Le chœur, du XIIᵉ siècle, a été restauré ; la tour date de la fin du XVIᵉ siècle.

D'Amblie à Reviers, vous suivrez un chemin qui domine la rive droite de la Seulles. *Reviers* est bâti dans une charmante vallée, sur les deux rives de la Mue, un peu au-dessus du point où cette petite rivière se jette dans la Seulles. Dans ce village, on visite une grange curieuse : c'est la vieille chapelle Sainte-Christine qui date du XIIᵉ siècle.

Encore trois kilomètres à parcourir, et vous arriverez à *Courseulles* par les hauteurs qui dominent la charmante petite ville, dont le nom nous rappelle ces excellentes huîtres dont vous allez tout à l'heure, mis en appétit par votre longue excursion, dévorer quelques douzaines, — en êtes-vous gourmand ? — Au loin, derrière les constructions du bourg, vous apercevez la mer tout illuminée des lueurs du soleil couchant, teinte de mille couleurs diverses, sillonnée de voiles blanches, bateaux de pêche qui regagnent le port, ou s'en éloignent pour aller, au large, pêcher en avant des roches de

Ver ou des bancs de Bernières; — un grand voilier se dirige lentement et prudemment vers le port, suivant les détours de la passe étroite et sinueuse qui y conduit. — Mais déjà vous entrez dans la petite ville, les maisons vous cachent le port et la mer, et vous avez hâte, après une journée commencée tôt, finie tard, de gagner l'hôtel où vous passerez la nuit.

*
* *

Je n'ai pas suivi, pour vous amener à Courseulles, la voie la plus rapide : je voulais vous montrer quelques-uns des plus beaux châteaux, quelques-unes des plus belles ruines du Calvados. — Vous laisserez votre cocher retourner seul à Caen, et vous allez, pendant les journées suivantes, pour vous reposer, flâner au bord de la Grande Bleue, respirer l'air vif, les âpres parfums de la mer, visiter, l'une après l'autre, toutes ces petites stations balnéaires si originales, si agrestes qui, de Ver-sur-Mer jusqu'à Lion et Oyestreham, jalonnent, à l'Est, toute la côte.

Courseulles, le bourg, est bâti sur le versant peu incliné de la colline qui s'élève sur la rive droite de la Seulles; au sommet, vous voyez un beau château, construit dans le style Louis XIII; — l'église n'a rien d'intéressant; les rues sont larges et propres. Je n'ai à vous montrer à Courseulles ni des monuments curieux, ni une ville peuplée ; ce n'est pas là, du reste, ce qu'y viennent chercher les touristes et les baigneurs. — Allons donc au port, allons aux parcs aux huîtres; nous irons ensuite sur la plage.

Le port est assez mouvementé. Vous n'y verrez ni grands vapeurs, ni navires au long cours mais beaucoup de caboteurs et des bateaux de pêche en grand nombre; son mouvement commercial annuel dépasse six mille tonnes. — Le port se compose d'un chenal d'une trentaine de mètres de argeur, formé par deux jetées en charpente qui ont près de quatre-vingts mètres de longueur; les signaux qui disent l'état du port sont fournis par un mât sémaphorique placé sur la plage, à l'Est, et par des feux, l'un vert, l'autre blanc, établis à l'extrémité des jetées. L'avant-port, dont les talus sont soutenus par des murs en pierre sèche, a une longueur de cinq cent quatre-vingts mètres; il communique par une écluse de dix mètres de largeur, que l'on peut franchir sur un pont tournant, avec un bassin à flot long de deux cent quatre-vingt-douze mètres et large de cinquante-six mètres. — Allez jusqu'au bout de la petite jetée Est; voyez, si la mer est basse, toute cette immense bande de rochers parallèle à la côte qui, depuis Lion-sur-Mer, à treize kilomètres à votre droite, jusqu'en face de Ver-sur-Mer, à quatre kilomètres à l'Ouest, découvre à l'étale de jusant, longue zone d'écueils dangereux formée de roches calcaires oolithiques en bancs presque horizontaux; ils s'étendent au loin sous la mer, à une faible profondeur, et, aussitôt que la brise prend, les flots viennent y briser avec fureur. Voilà, à l'Est, les *roches de Lion,* les *Essarts de Langrune,* les *îles de Bernières;* voici, en face de vous, le *Rocher Germain* et le défilé qui sert d'entrée au port: *la fosse de Courseulles;* voici encore, à votre gauche, la *Hure-de-Veaux* et les *Rochers de Ver;* puis, au loin, en face d'Asnelles et d'Arromanches les *Têtes des Calvados.* La surface de ces écueils, brisée, disloquée par les coups de mer, est inégale, et présente, entre les points les plus saillants, des dépressions que les marins du pays désignent sous les noms imagés de fosses, passages ou anneaux.

La nature spéciale du sol de Courseulles, qui est formé, en dessous des sables et des graviers, d'une couche d'argiles compactes dans laquelle on creuse, facilement et sans grand frais, des bassins étanches, a favorisé la création de nom-breux parcs aux huîtres. *Les parcs d'engraissement* sont presque tous creusés à l'Ouest, entre le port et les grandes courbes en crochet que décrit la Seulles avant de se jeter dans la mer, là où l'on peut, sans difficulté, les approvi-sionner d'eau saumâtre. Les huîtres qui y sont étalées ne sont pas nées dans le pays; on a été les chercher au loin, un peu partout, à Saint-Vaast-la-Hougue, à Saint-Brieuc, dans la rivière de Vannes, à Arcachon, — les parqueurs de Cour-seulles l'avouent difficilement; — ici, on les fait grandir, on les engraisse, on leur donne une éducation spéciale, qui leur permet de vivre assez longtemps hors de leur élément, de rester fraîches, de conserver leur eau. Les huîtres de Courseulles, surtout mangées sur place, sont exquises.

La côte, à Courseulles, est très belle. La plage est bordée de dunes basses, très peu larges, très peu accidentées, étroit cordon littoral qui sépare les sables de la grève de splen-dides pâturages coupés de grandes lignes d'arbres, après lesquels le pays se relève doucement toujours vert, toujours semé de beaux bouquets de bois dont les verdures plus sombres se détachent sur le fond vert clair des grands prés, A l'Ouest une colline aux douces pentes s'élève progressive-ment à une altitude de quarante-quatre mètres; sur son sommet se dresse la haute tour carrée du phare de Ver.

Depuis quelques années, la plage de Courseulles est assez fréquentée, en été, par les baigneurs qui recherchent un séjour tranquille, qui aiment à voir le mouvement de son port et qui sont amateurs de la pêche. Il y a dans le bourg deux ou trois hôtels modestes, où l'on peut vivre économi-quement; le long de la plage, en avant de la voie ferrée, on a construit quelques villas, pas luxueuses, mais très habitables. La plage est régulière; le sable malheureusement est mêlé de quelques galets. Là, pas de luxe, pas de toilettes, pas de réunions brillantes, pas de casino; on passe la journée entière sur le sable, paresseusement couché; on va, à l'heure de la marée, sur les jetées pour voir l'entrée et la sortie des bateaux; à la soirée, lorsque la grande chaleur du jour est passée, on fait de longues promenades, sur les dunes si la mer est haute, sur les plages si elle est basse; la nuit venue..., mais alors plus rien à faire ; il faut se coucher.

Courseulles possède un hippodrome, fort modeste du reste : les courses que l'on y donne sont plus amusantes qu'inté-ressantes; on organise aussi, pendant la saison balnéaire, des régates auxquelles prennent part les marins du pays.

Une belle route, nouvellement construite, longe, à l'Ouest, le littoral depuis Courseulles jusqu'à Asnelles; elle doit être prolongée jusqu'à Arromanches. Tracée au travers des dunes, elle passe d'abord auprès du petit *hameau de Vaux,* puis au-dessous du village de *Ver-sur-Mer*, bâti sur la belle colline de *Mont-Fleury.* Voilà de charmants noms, Ver, le Prin-temps, et Mont-Fleury, qui n'a pas besoin d'être traduit; ils rappellent une toute gracieuse légende : Saint Gerbold, comme Joseph, avait laissé son manteau entre les mains d'une matrone anglaise trop aimable; le mari, trop crédule,— ils le sont tous, n'est-ce pas, Mesdames? — fit jeter à la mer le niais, une meule au cou. Le Saint, porté miraculeusement sur la lourde pierre, aborda au-dessous de Mont-Fleury, au fort de l'hiver, et les fleurs, nouveau miracle, se mirent à pousser, à fleurir sous ses pieds.

Le village, un gros bourg, est assez éloigné de la plage;

on le traverse pour monter au phare. Il faut aller sur la plate-forme, d'où la vue s'étend au loin; on découvre, de là, la grande mer toute sillonnée de voiles blanches et où les grands vapeurs marquent leur passage par une longue ligue de noire fumée, puis la côte, à l'Est, Courseulles et Saint-Aubin, et, bien loin, fermant l'horizon, les hautes falaises de la Hève; de l'autre côté, à l'Ouest, les belles roches d'Arromanches, au delà desquelles, au niveau de l'eau, on distingue, petite ligne noire, les digues de Port-en-Bessin; plus loin, les falaises sombres, toutes brunes au-dessus des sables dorés des petites plages, se prolongent jusqu'à la pointe de la Percée, qui vous cache Grand-Camp et les côtes de la Manche. Du côté de la terre, la vue est aussi très remarquable; je ne puis vous signaler ici tous les villages, tous les hameaux que vous découvrez de ce point élevé.

L'église de Ver a été en grande partie reconstruite; vous verrez cependant avec intérêt, dans la nef, les beaux piliers romans dont les chapiteaux sont chargés de figures fantastiques; les quatre étages de la tour, qui datent du XIe siècle, sont décorés d'arcades, elle est terminée par une belle pyramide en pierre. Ver avait jadis un manoir féodal, dont il ne reste qu'une belle grange du XVIe siècle et quelques bâtiments de ferme.

Au bord de la plage, on a tenté de créer une petite ville de bains; on y a construit quelques villas. M. Pelin a fait bâtir un petit hôtel à voyageurs, un minuscule casino, quelques chalets; M. Guillou a loti des terrains; notre désopilant Montrouge, gros propriétaire de dunes à Ver, a cru un moment sa fortune faite : cela viendra peut-être, Monsieur, mais plus tard. Le pays du reste est charmant, et la plage est bonne.

On visite, auprès de Ver, le village de *Crépon,* qui, au

temps de Guillaume le Conquérant, était le centre d'une riche Baronnie : Osberne de Crépon avait fourni, à lui seul, pour l'expédition d'Angleterre, quarante bateaux équipés et armés. — Dans la vieille église, dont la nef mutilée est en partie romane, et dont la tour centrale, du style de transition, est couronnée d'un étage supérieur du xvie siècle, vous verrez un bel autel *à la Romaine*, des bancs seigneuriaux et des lambris en chêne, habilement travaillés, de l'époque de Louis XV. Dans la cour d'une ferme s'élève encore un très ancien et curieux colombier.

La seconde promenade que vous ferez, de Courseulles, aura pour but *Bernières,* à l'Est. Vous partirez à mer basse, si cela peut vous plaire en costume de bain, avec vos filets, emportant, roulé dans sa courroie, un léger manteau ; vous irez pêcher la crevette, très abondante ici, crocheter des crabes dans les roches de Bernières ; mais soyez prudent, ou, mieux encore, faites-vous accompagner par un grand gamin du pays qui vous montrera les bonnes places et portera votre manteau et vos chaussures. Vous ferez bonne pêche, et passerez agréablement deux heures les pieds dans l'eau tiédie et parfumée de la mer, la poitrine pleine de l'air vivifiant du rivage ; puis, lorsque la marée montante vous aura chassés des roches, ramenés sur le sable, chaussez-vous, endossez vos pardessus, et allez voir ce beau village dont le haut clocher sort, devant vous, d'un bouquet d'arbres grands et touffus, à deux cents mètres de la côte.

De Courseulles à Bernières, sur trois kilomètres de longueur, la rive est très basse ; un simple ressaut d'un mètre de hauteur au-dessus du sable de la plage, ligne bien droite, teintée du vert pâle des joncs aigus qui se transforment rapidement en beaux et bons herbages. La voie ferrée serre de près le rivage et le train qui vient de quitter Courseulles, longe son champ de courses et arrive en trois ou quatre minutes à la gare de Bernières. — Sur la dune, en avant du village : quelques cabines en bois et une grande maison toute rouge, brune plutôt, qui tombe en ruines; une mauvaise digue en bois, toute brisée, toute dégradée, faute de soins et d'entretien ; une station balnéaire *dans son œuf*, œuf qui me paraît avoir été jusqu'à présent bien mal couvé.

Traversez les dunes et la gare, et allez voir l'église de Bernières qui est une des plus belles églises rurales de la Basse-Normandie. Sa haute tour, qui sert d'amer aux marins du pays, a été construite au XVIe siècle; elle est percée de grandes baies ogivales très élancées, et la pyramide en pierre qui la recouvre est fort élégante; cette tour est précédée d'un porche très léger dont les arcades latérales sont trilobées. La nef et les bas-côtés datent des XIe et XIIe siècles; remarquez les vieux chapiteaux romans, qui sont fort intéressants ; le chœur, très vaste, est orné de riches boiseries du XVIIe siècle; on y voit aussi des fresques, qui représentent la *Cène* et l'*Assomption de la Vierge*.

*
* *

Je vais vous conduire de Courseulles à Lion-sur-Mer, de l'Ouest à l'Est, suivant la côte, vous montrant tous ces petits établissements de bains où l'on vient, de Caen, par la ligne ferrée que l'on désigne sous le nom de « Chemin de fer de Caen à la mer ». — « C'est, — dit Élisée Reclus, — sur un développement de dix kilomètres, une véritable rue de maisons de plaisance. »

Après Bernières, vous verrez *Saint-Aubin*. Les basses dunes sont remplacées par une très petite falaise, par un léger soulèvement des bancs plats des calcaires oolithiques qui forment la côte, et qui, avant Saint-Aubin, se relèvent encore, atteignent une hauteur de quatre mètres, formant une petite pointe légèrement saillante. La côte, à partir de ce point jusqu'à l'embouchure de l'Orne, prend la direction du Sud-Est. Le village de Saint-Aubin est placé sur la pente orientale de sa falaise qui est, du reste, elle-même couverte de villas. La ligne de fer a cessé de longer le rivage, et passe au Sud du bourg, qui étale à l'Est, le long de la plage, ses maisons, ses modestes hôtels, son petit casino : le Salon des Familles, — un souvenir de Saint-Mandé, — ses quelques villas et ses cabines de bains.

On vit là en pantoufles et en robe de chambre, en vareuse ; on y porte des bérets de toutes couleurs ; on y marche, sur le sable mêlé de graviers, chaussé d'espadrilles indescriptibles ; vie de paresseux, de flâneurs, vie libre et bonne ; on s'y baigne devant la villa qu'on habite, on y pêche la crevette, on y mange, on y boit, on y dort. Quant au casino... *des Familles*, il n'est pas bien dangereux, je vous l'assure, et les plaisirs qu'on y trouve sont modestes, peu entraînants ; vous pouvez y conduire sans aucune crainte vos garçons et fillettes, petits ou grands. Certes on peut passer une saison à Saint-Aubin : alors on y reste, on s'y endort ; mais, si l'on visite cette petite localité en touriste, on passe rapidement : en une heure l'on a tout vu.

M. A. de Caumont, décrivant la petite pointe rocheuse de Saint-Aubin, rappelle qu'on y a trouvé des tuiles à rebord et quelques médailles gallo-romaines. « On rapporte, — ajoute-t-il, — que la mer a envahi un terrain dans lequel existaient quelques constructions antiques. La falaise de Saint

Aubin est désignée, sur d'anciennes cartes, sous le nom de **Cap Romain**. »

La plupart des villas de Saint-Aubin sont groupées à l'Est du village, et vous verrez un peu plus loin un hôtel isolé, où vous pourrez, en passant, boire un verre de madère et manger une douzaine d'huîtres bien fraiches : on les tirera du parc pour vous les servir; c'est je crois l'hôtel du Casino. — La falaise calcaire est toujours basse, le sable est toujours mêlé de quelques galets; on en trouve de formes curieuses, originalement découpés; on trouve aussi quelques coquilles fossiles intéressantes. — En avant de la plage, les rochesplates tracent toujours leur longue ligne de bas-fonds parallèlement au rivage, et sont ici doublées d'un grand îlot isolé : les *Essarts de Langrune*.

*
* *

Nous voici devant le bourg, masse sombre assez haut perchée au-dessus des sables dorés de la plage : vieilles maisons où les baigneurs trouvent des appartements meublés, quelques petites villas, un ou deux hôtels où l'on vit très simplement; en face de l'hôtel principal sont groupées quelques cabines de bains.

L'eau de la mer, l'air même, à *Langrune* comme dans les autres villages de cette côte, mais peut-être ici à un degré supérieur, sont très chargés de brôme et d'iode; les grandes algues, les mollusques nombreux qui, jusqu'à trois kilomètres de la côte, couvrent les parquets rocheux des Essarts et les bancs sous-marins, produisent ce phénomène spécial. Les bains de mer, à Langrune, sont donc très fortifiants, excitants même; ils conviennent aux tempéraments lymphatiques ou affaiblis, mais il faut les prendre avec prudence, très courts d'abord, assez espacés, s'y habituer petit à petit.

L'église de Langrune est un beau monument; sa remarquable tour, assise sur le transept, est ouverte à l'intérieur de l'église où elle forme lanterne jusqu'au deuxième étage; une pyramide en pierre très élancée, mais qui malheureusement est tronquée, la surmonte; on remarque les belles moulures, les guirlandes de vigne et de feuillage qui décorent ses corniches; les fenêtres sont étroites, en forme de lancette, sans colonnettes. A l'intérieur, vous verrez des chapiteaux dignes d'être dessinés et une belle chaire en pierre. Remarquez dans la nef des arcades ogivales mêlées à des arcades plein cintre qui posent sur des grosses colonnes romanes. Cette église a été construite aux XIIIe et XIVe siècles.

*
* *

Nous voici à *Luc*, la station balnéaire la plus importante de cette partie du littoral, placée au point où la voie ferrée, venant de Caen, touche la côte, qu'elle suivra, formant ici un grand coude, jusqu'à Courseulles. Les habitants de Caen y viennent en foule le dimanche : alors Luc s'anime; le promenoir, le casino, les cabines de bains, les hôtels, les restaurants, sont envahis. — L'établissement balnéaire est situé au hameau du *Petit-Enfer*. La plage, très belle, s'étend de Lion-sur-Mer à Langrune, bordée de petites falaises plates, peu élevées, pittoresques cependant; le flot, qui dans les grandes marées vient battre les assises horizontales des roches calcaires peu résistantes de la côte, les a découpées, dentelées, y a creusé des anfractuosités, des grottes peu profondes, que les baigneurs.... en promenade, transforment souvent en cabines de bains.

Les installations de Luc ont été faites d'une façon intelligente : les maisons du hameau dominaient la grève de quelques mètres ; on a, au bord de la plage de sable fin mêlé de quelques petits galets, tracé un beau promenoir protégé par une digue peu élevée ; il est asphalté, et, à marée haute, on y ramène les cabines de bains. Un autre mur de soutenement permet d'atteindre le niveau du bourg, formant ainsi une nouvelle promenade superposée au milieu de laquelle s'élève une grande construction, assez bien comprise, où est installé le « *Grand Casino de Luc-sur-Mer, entouré de ses jardins suspendus à six mètres au-dessus de la mer* », comme disent les affiches que fait placarder le directeur de cet établissement. Et, réellement, ce casino dont la situation est très belle, est un établissement très suffisant où les baigneurs de Luc et les excursionnistes de Caen trouvent tous les plaisirs que l'on recherche au bord de la mer ; on peut tranquillement et agréablement y passer sa soirée.

En arrière du casino une ligne continue, trop dense, trop serrée, de maisons bourgeoises et d'hôtels à voyageurs, borde la rue principale du hameau du Petit-Enfer ; à ses deux extrémités s'élèvent des jolies villas entourées de jardins. Vous remarquerez à l'Ouest, vers Langrune, au milieu d'un charmant parc, le beau château, de style Louis XIII, qu'a fait construire M. Larivière.

Le village de Luc est assez éloigné de la mer : on y va du Petit-Enfer, en cinq minutes, par une belle route plantée d'arbres. Il est bâti sur le versant de la colline ; de son ancienne église il ne reste que la vieille tour romane du XIIe siècle couronnée d'une plate-forme crénelée, et un porche devant lequel se dresse une très belle croix en pierre, sculptée aussi au XVIe siècle ; la tour est séparée de l'église qui est moderne.

*
* *

Avant de retourner à Caen, vous devrez aller à *Lion-sur-Mer*. La route part du village de Luc, suit, sur deux kilomètres de longueur, la crète de la colline parallèlement à la côte; vous arriverez rapidement au *Vieux-Lion*, et prendrez, à votre gauche, une belle avenue plantée d'arbres qui se coude bientôt et longe, sur deux de ses côtés, un grand parc couvert d'arbres magnifiques au milieu duquel s'élève un beau château de style Renaissance qui appartient au Comte de Blagny. Lion était jadis le domaine de la famille de Moyon, dont un des aïeux est cité parmi les compagnons de Guillaume le Conquérant. — Le château est fort intéressant; on admire surtout son pavillon à haute toiture pyramidale ornée de belles lucarnes à frontons aigus, et décoré, à ses deux angles, de curieuses petites tourelles portées sur encorbellements et piliers, et terminées par des calottes sphériques.

Le village, qu'on appelle le Vieux-Lion pour le distinguer du hameau moderne qui s'étend le long de la plage, forme, sur la colline, un groupe de maisons assez misérables. L'église, que signale de loin sa haute tour romane, est intéressante : cette tour, ornée de trois rangs d'arcades cintrées et ajourées, doit avoir été construite au xie siècle, à l'époque où le style roman avait encore toute sa beauté primitive; son couronnement en forme de parapet est moderne, je n'ai pas besoin de vous le dire. Le chœur, où l'on voit un beau vitrail, a été construit au xive siècle.

Mais descendons à Lion-sur-Mer : quelques boutiques, quelques hôtels assez bien tenus, sans luxe aucun cependant, très bourgeois; puis, le long de la plage, bordant un pro-

menoir peu élevé, des villas généralement modestes, parmi
lesquelles on remarque celle qu'a fait construire M. Honegger.
On vit tranquillement, en famille, à Lion-sur-Mer; c'est ce
que l'on peut appeler un vrai bain de campagne. La plage
est bonne, les falaises sont assez jolies. En vous disant Luc,
je vous ai déjà cité les petites grottes que la mer y a creusées :
vous les verrez en retournant au Petit-Enfer, à pied, par la
plage, à marée basse. Du haut des falaises, au point où elles
se relèvent, la vue s'étend au loin à l'Est : on voit Cabourg,
Dives, Houlgate et Villers; on découvre Trouville et les falaises de Villerville; on aperçoit le cap de la Hève et ses phares.

Les baigneurs qui résident à Lion vont en excursion à
Oyestreham, à Luc, à Cresserons, et à Plumetot. Vous con-
naissez déjà Oyestreham et Luc. A *Cresserons*, vous irez
voir la remarquable façade romane de l'église; sa porte a
deux archivoltes décorées, l'une de losanges, l'autre de zigzags qui se prolongent sur l'intrados de l'arcade; le second
ordre est formé par trois belles fenêtres cintrées égales en
hauteur; la fenêtre centrale seule est ouverte, les autres sont
murées. Cresserons est enfoui dans un beau bouquet d'arbres;
il possède trois châteaux : l'un d'eux appartient à Mme Le-
moine de Sainte-Marie. — *Plumetot*, un tout petit village,
est presque limitrophe de Cresserons; son église montre
encore aux archéologues quelques fragments intéressants
des xie et xive siècles.

*   *

Si vous êtes croyant, et même si vous êtes un simple curieux, en allant en chemin de fer de Luc à Caen, vous
vous arrêterez à la gare qui dessert tout spécialement la
chapelle de Notre-Dame-de-la-Délivrande. — Autour de l'é-
glise élevée en l'honneur de la Vierge miraculeuse qui attire

continuellement un grand nombre de pélerins, — on évalue leur nombre à deux cent cinquante mille par année, — s'est formé un hameau d'un genre et d'un aspect tout particulier : maison de missionnaires, couvent de femmes de la Vierge-Fidèle, nombreuses boutiques où l'on vend des statuettes, des médailles, des cierges, des objets de piété de toutes sortes, cafés, restaurants, hôtels ; autour de l'église circulent les pélerins, toujours fort nombreux. Avant la construction des chemins de fer, ces pélerinages étaient fort curieux ; écoutez M. Georges Mancel, qui les décrivait il y a une quarantaine d'années : « Les pélerins accourent par centaines au printemps. Il faut voir arriver la caravane : celui qui ouvre la marche porte dans ses mains deux clochettes auxquelles il imprime un mouvement particulier ; il en résulte quatre tintements séparés deux à deux par des silences, et suivis de cinq ou six autres tintements plus brusques et plus rapides. Puis, viennent les bannières patronales, la croix d'argent, les prêtres, les enfants en surplis, et, sur deux files, une multitude d'hommes et surtout de femmes, chantant à l'unisson et parés de bouquets bénis. Derrière toute cette foule, comme dans les émigrations germaniques, roulent pesamment les chariots couverts où sont étendus pêle-mêle les bagages et les malades. »

La chapelle de Notre-Dame-de-la-Délivrande a été reconstruite, il y a peu d'années, d'après les plans de M. Barthélemy, architecte Rouennais, dans le style ogival du XIIIe siècle. C'est un assez bel édifice : nef avec collatéraux, transepts et chœur avec chapelles absidales ; deux hautes tours sont placées dans les angles formés par les transepts et le chœur ; l'une date du XVIe siècle, l'autre est moderne. — La façade, où s'ouvrent trois grandes portes ornées de sculptures et de bas-reliefs, est dominée par une statue de la Vierge. —

Entrez dans l'église : à gauche, auprès du chœur, dans une niche de forme gracieuse, vous verrez la statue miraculeuse de Notre-Dame-de-la-Délivrande, sculptée dans un bloc de pierre calcaire du pays : la Vierge est vêtue d'une longue robe retenue à la taille par une ceinture ; sa tête était ornée d'une couronne qui a été brisée, mais dont on voit encore quelques fragments suffisants pour reconnaître qu'elle était formée de pointes et de rosaces. La légende raconte que cette statue a été découverte dans les champs par un mouton. On admet généralement que la première chapelle fut fondée, au VIIe siècle, par Saint Regnobert, l'évêque de Bayeux dont je vous ai plusieurs fois déjà cité le nom. Détruite par les Normands, la chapelle fut reconstruite, en 1050, par Baudouin, Sire de Reviers, que Guillaume le Bâtard, après la conquête de l'Angleterre, créa Comte de Devonshire. La chapelle de Notre-Dame fut de nouveau pillée, au XVIe siècle, par les religionnaires, mais la statue échappa à leurs ravages ; pendant la Révolution elle fut enlevée de la chapelle, elle y a été replacée durant le premier Empire, après le Concordat. Elle est toujours entourée de fleurs, de médailles, d'ex-voto, de cierges.

*
* *

Le hameau de la Délivrande dépend du village de *Douvres* qui était une des sept Baronnies formant la mense épiscopale des évêques de Bayeux : elle leur avait été donnée par le frère de Guillaume, l'évêque Odon. L'église de ce gros bourg est remarquable : la nef et la tour sont romanes ; le chœur, de style ogival, doit être du XVe siècle.

Vous reprendrez le train à la gare de Douvres. En sortant du village, la voie ferrée monte lentement, gagnant le haut plateau, par une ravissante et fraîche vallée toute verte de ses prairies et de ses beaux arbres, et où s'élèvent quelques jolies habitations. Vous voyez, à votre droite, *Auguerny*, sur le versant d'une colline; vous arrivez au plateau, et bientôt le train s'arrête à *Mathieu,* où est né Jean Marot, rimeur moins connu que son fils Clément, le poëte favori de François Ier dont nous avons tous lu les railleuses épigrammes. Mathieu est un très ancien bourg; Robert Wace, dans la longue énumération qu'il fait des troupes qui ont combattu à Hastings cite :

> « .... La jovente de Caen
> E de Faleise et d'Argentoen
> E d'Anisie et de Matoen. »

« L'église, — dit M. A. de Caumont, — se compose d'une nef romane du xiie siècle où de la fin du xie, dans les murs de laquelle on remarque des pierres disposées très régulièrement en arêtes de poisson; c'est un des exemples les meilleurs de ce genre d'appareil qui existent dans les environs de la ville de Caen. »

Après Mathieu, la ligne de fer parcourt des campagnes fertiles, peu accidentées. Vous voyez, à votre droite, *Cambes* et son beau château auquel conduit une magnifique avenue d'ormes. Vous longerez ensuite le petit village d'*Epron,* et traverserez la halte de *Couvrechef.* Vous apercevez déjà depuis quelque temps les hauts clochers, les tours des églises du chef-lieu du Calvados, et vous arriverez bientôt à Caen, à la gare *Saint-Martin.*

Imp. LUCOTTE et CADOUX 21, rue Croix-des-Petits Champs, Paris.

Guides Artistiques Simons

16, Avenue Carnot, PARIS

ANNÉE 1892

BAINS DE MER DE LA MANCHE

RENSEIGNEMENTS

Ce carnet contient des renseignements pratiques qui doivent être consultés chaque jour par les lecteurs de mes Guides; j'y signale aussi des maisons de premier ordre que je leur recommande spécialement.

TABLE ALPHABÉTIQUE DES RENSEIGNEMENTS

LE GUIDE DES PLAGES NORMANDES

(Seine-Inférieure — Calvados — Manche)

ORGANE des PROPRIÉTAIRES de la CÔTE

INDICATEUR

des chemins de fer — Lignes de Normandie

DES BATEAUX A VAPEUR POUR LE HAVRE, TROUVILLE, HONFLEUR, CAEN

et des Paquebots faisant le service de l'Angleterre et des États-Unis

HEURES DES MARÉES

Renseignements sur les Hôtels et sur les Maisons à louer sur le littoral

CAUSERIE SUR LA CÔTE

Prix : 30 centimes

A PARIS DANS LES KIOSQUES ET DANS LES BIBLIOTHÈQUES DES CHEMINS DE FER

Envoi d'un spécimen gratuit sur demande adressée au Directeur
63, rue des Bains, à TROUVILLE

CHEMINS DE FER DE L'OUEST

EXCURSIONS

SUR LES

CÔTES DE NORMANDIE, EN BRETAGNE ET A L'ILE DE JERSEY

BILLETS CIRCULAIRES valables pendant **un mois** non compris le jour du départ (*)

Délivrés du 1er Mai au 31 Octobre

Arrêts facultatifs à toutes les gares intermédiaires

	1re CLASSE	2e CLASSE

1er ITINÉRAIRE — 50 fr. — 40 fr.
Paris. — Louviers. — Rouen— Le Havre. — Fécamp. - Saint-Valery-en-Caux — Dieppe. — Le Tréport. — Arques-la-Bataille. — Gisors. — Paris.

2e ITINÉRAIRE — 50 fr. — 40 fr.
Paris. — Louviers. — Rouen. — Dieppe. — Saint-Valery-en-Caux. — Fécamp. — Le Havre. — Rouen. — Honfleur ou Trouville-Deauville. — Villers-sur-Mer. — Beuzeval (Houlgate). — Cabourg. — Caen. — Evreux. — Paris.

3e ITINÉRAIRE — 70 fr. — 55 fr.
Paris — Louviers. — Rouen. — Dieppe. — Saint-Valery-en-Caux. — Fécamp. — Le Havre. — Honfleur ou Trouville-Deauville. — Villers-sur-Mer. — Beuzeval (Houlgate). Cabourg. — Caen. — Cherbourg. — Evreux. — Paris.

4e ITINÉRAIRE — 80 fr. — 60 fr.
Paris. — Dreux. — Vire.— Granville, Avranches (ou Mortain) — Pontorson. Le Mont-St-Michel. — St-Malo-St-Servan (Paramé).—Dinard. — Dinan (1).— Rennes. Vitré. —Fougères.—Le Mans. — Chartres. — Paris.

5e ITINÉRAIRE — 90 fr. — 70 fr.
Paris. — Evreux. — Caen. — Cherbourg. — St-Lô (ou Port-Bail. Carteret,) - Granville — Pontorson. — Le Mont-St-Michel. — Saint-Malo-St-Servan (Paramé). Dinard. — Dinan (1). — Rennes — Vitré. — Fougères. — Le Mans. — Chartres. — Paris.

6e ITINÉRAIRE — 90 fr. — 70 fr.
Paris. — Louviers — Rouen. — Dieppe. — Saint-Valery-on-Caux. — Fécamp. — Le Havre.— Honfleur ou Trouville-Deauville.— Villers-sur-Mer. — Beuzeval (Houlgate). Cabourg. — Saint-Lô (ou Port-Bail. Carteret.) — Granville. — Dreux. — Paris.

7e ITINÉRAIRE — 105 fr. — 90 fr.
Paris. — Louviers. — Rouen,— Dieppe. — Saint-Valery-en-Caux. — Fécamp. — Le Havre. — Honfleur ou Trouville-Deauville. Villers-sur-Mer. — Beuzeval (Houlgate). — Cabourg. — Caen. — Cherbourg. — St-Lô (ou Port-Bail. Carteret.) — Granville. — Pontorson — Le Mont-St-Michel. — Saint-Malo-St-Servan (Paramé). — Dinard. — Dinan. (1) — Rennes. — Vitré. — Fougères. — Le Mans. — Chartres. — Paris.

8e ITINÉRAIRE — 105 fr. — 90 fr.
Paris. — Dreux. — Vire. — Granville Avranches (ou Mortain.) — Pontorson. — Le Mont-St-Michel. — Saint-Malo-St-Servan (Paramé), — Dinard. — Dinan. — St-Brieuc. — Lannion. — Morlaix. — Carbaix. — Roscoff. — Brest. — Rennes. — Vitré — Fougères. – Le Mans. — Chartres.—Paris.

9e ITINÉRAIRE — 115 fr. — 100 fr.
Paris. — Evreux. — Caen. — Cherbourg. —St-Lô (ou Port-Bail, Carteret.)—Granville. — Pontorson. — Le Mont-St-Michel. — St-Malo-St-Servan (Paramé). —Dinard. — Dinan. — St-Brieuc. — Lannion. — Morlaix. — Carhaix. — Roscoff. — Brest. — Rennes. Vitré — Fougères. — Le Mans. — Chartres. — Paris.

Les 10e, 11e 12e et 14e itinéraires sont délivrés au départ du Mans, de Rouen, d'Angers et de Caen.

15e ITINÉRAIRE — 95 fr. — 70 fr.
Paris. — Dreux. — Granville. — Jersey (St-Hélier).— St-Malo-St-Servan (Paramé). — Pontorson. — Le Mont-St-Michel. — St-Malo-St-Servan — Dinard. — Dinan. — St-Brieuc. — Rennes. — Vitré. — Fougères — Le Mans. — Chartres. — Paris.

(*) La durée de validité de ces Billets peut être prolongée d'un nouveau mois, moyennant le paiement d'un supplément de 10 0/0.

(1) Lamballe ou St-Brieuc, moyennant supplément.

Nota. — Ces billets peuvent être délivrés par toutes les gares situées sur l'itinéraire à parcourir, à condition que la demande en soit faite *3 jours au moins à l'avance.*

Edmond MAGNIER
Directeur-Rédacteur en chef

10, boulevard des Italiens
(2, PASSAGE DE L'OPÉRA, PARIS)

ABONNEMENTS: 3 MOIS
PARIS, 13 FR. 50 — PROVINCE, 16 FR.
ÉTRANGER, 17 FR.

SIX FEUILLETONS INÉDITS PAR AN

Correspondances Étrangères

PRIMES NOUVELLES
ÉTRENNES UTILES
ET ARTISTIQUES
AUX ABONNÉS

EDMOND MAGNIER
Administrateur.

L'ÉVÉNEMENT

JOUNAL
POLITIQUE
et Littéraire
du matin

RÉDACTEUR EN CHEF :
Edmond MAGNIER

CHRONIQUEURS :

Arsène HOUSSAYE,
Anatole de la FORGE,
Aurélien SCHOLL, Phili-
bert AUDEBRAND, Henry
CEARD, F. CHAMPSAUR,
Jules TROUBAT, Jules CAZE.
J. BERNARD, ERASME. Gonza-
gue PRIVAT, Paul DOLFUS, etc.

RÉDACTION :
Échos de Paris : LE SPHINX. — In-
formations politiques : G. ABRIC,
BAUDE DE MAURCELEY. — Autour de
la Chambre : A. TOURNIER. — Courrier
parlementaire : FR. BOCANDÉ. — Actualité,
Grand reportage : EUGÈNE CLISSON, H. NADAL,
F. CLAVIER, F. RIDAL. — La Chanson politique :
FORTUNIO. — La Journée à Paris : H. NADAL. —
— Courrier des départements : JULES MARTIN
— Chronique Judiciaire : F. ARSAC. — Chronique
financière : HENRI PRIVAT. — Bulletin de l'Etranger :
EDMOND HIPPEAU. — Critique artistiq. : GONZAGUES PRIVAT
— Beaux-Arts : CHARLES LOWENGARD. — Critique litté-
raire : EDMOND MAGNIER. — Critique dramatique et musicale
Courrier des Théâtres : HENRI CÉARD. — Variétés littéraires :
H. AVENEL. — Chronique de la Curiosité et du Bibelot (Hôtel
Drouot, etc.) : CH. OUDARD. — Chronique de l'Epée : RAPIÈRE — Chro-
nique de la Mode : EDMOND LIA. — Carnet mondain : SEPTFONTAINES
Pédagogie, Enseignement : E. LÉAUTEY. — Menus quotidiens : VATEL-
LIUS. — Sport hippique : G. ROBINSON. — Sport nautique : D'ARTIMON.

Correspondances étrangères :

Berlin, Saint-Pétersbourg, Vienne, Rome, Londres, Milan,
Constantinople, Athènes, Tunis, Tanger, etc.

Secrétaire de la Rédaction : J.-N. GUNG'L

EXCURSIONS

AU

MONT-SAINT-MICHEL

(1er MAI AU 31 OCTOBRE)

Billets d'aller et retour valables pendant 6 jours

et comprenant le parcours en voiture entre PONTORSON et le MONT :

DE PARIS (Montparnasse) *AU MONT-SAINT-MICHEL*

Par **Folligny** et **Pontorson**, avec passage facultatif, au retour, par **Granville**

1ro CLASSE, **49 fr. 40** — 2o CLASSE, **37 fr. 65** — 3e CLASSE, **28 fr. 20**

NOTA. — Il est, en outre, délivré par toutes les gares du réseau de l'Ouest (Grandes lignes), des billets d'aller et retour pour le Mont-Saint-Michel, valables, selon la distance, de 3 à 6 jours et comportant sur le prix des billets simples doublés, des réductions variant entre 25 et 40 0/0. (Consulter les affiches apposées dans les gares.)

EXCURSIONS

A JERSEY ET A GUERNESEY

1° Par GRANVILLE ou SAINT-MALO

Billets directs sur JERSEY (Saint-Hélier) *délivrés toute l'année*

PRIX DES BILLETS

y compris la traversée de France à Jersey (Saint-Hélier) par les steamers du London et South Western-Railway.

DES GARES CI-APRÈS A JERSEY (ST-HÉLIER) OU *vice-versâ*	1re classe	2e classe	3e classe
	fr. c.	fr. c.	fr. c.
I. Billets simples par GRANVILLE			
Paris (St-Lazare ou Montp.	46 75	31 05	22 40
II. Billets d'aller et retour par GRANVILLE			
Valables pendant un mois (non compris le jour de la délivrance)			
Paris (St-Lazare ou Montp.)	70 10	49 05	35 25

DES GARES CI-APRÈS A JERSEY (ST-HÉLIER) OU *vice-versâ*	1re classe	2e classe	3e classe
	fr. c.	fr. c.	fr. c.
III. Billets d'aller et retour par GRANVILLE et St-MALO Valables pendant un mois (non compris le jour de la délivrance), à l'aller par GRANVILLE, au retour par SAINT-MALO (ou inversement), et permettant d'effectuer l'excursion du *Mont-Saint-Mchel* (parcours en voiture compris dans le prix du billet).			
Paris (St-Lazare ou Montp.)	78 »	55 40	40 15

2° Par PORT-BAIL (non compris la traversée de France à Jersey (Gorey)

De	BILLETS SIMPLES			BILLETS D'ALLER et RETOUR		
Paris (Saint-Lazare) à **Port-Bail** ou *vice versâ*	1re cl	2e cl.	3e cl.	1re cl.	2e cl.	3e cl.
	fr. c.	fr. c.	fr. c.	fr. c.	fr. c.	fr. c.
	40 »	27 »	17 60	60 »	43 20	28 15

Les billets d'aller et retour de PARIS à PORT-BAIL sont valables pendant 4 jours (Dimanches et Jours de Fête non compris). La durée de validité de ces billets est étendue à *un mois* pour les voyageurs en provenance ou à destination des *îles anglaises*, sur justification de leur embarquement ou de leur débarquement.

En vertu de l'autorisation spéciale de S. M. la Reine d'Angleterre

F. LE GALLAIS

COMMISSAIRE-PRISEUR et AGENT de LOCATIONS

18, Bath Street — JERSEY

Tous renseignements utiles et nécessaires relativement à la location de Maisons,
Villas, Appartements meublés et non meublés seront fournis gracieusement à tous
les étrangers et touristes désireux de visiter ce charmant séjour ou d'y rester.

LA LISTE DES LOCATIONS EST ENVOYÉE FRANCO SUR DEMANDE

DÉMÉNAGEMENTS ; GARDE-MEUBLE

REPRÉSENTANT A JERSEY DES GUIDES ARTISTIQUES SIMONS

LIBRAIRIE FRANÇAISE ET ÉTRANGÈRE

114, Rue de Paris et 19, Place Gambetta, HAVRE

A. BOURDIGNON FILS

BOOKSELLER STATIONER

GRAND CHOIX DE PHOTOGRAPHIES

DU HAVRE ET DE LA NORMANDIE, montées et non montées

GUIDES DE VOYAGES

Agence générale de publications illustrées

Journaux politiques et littéraires

NOUVELLE CARTE DES ENVIRONS DU HAVRE

PETIT PLAN OFFICIEL DU HAVRE : 60 centimes

BAINS DE MER

Billets d'Aller et retour délivrés du 1er Mai au 31 Octobre

1° Billets d'Aller et Retour individuels VALABLES PENDANT 4 JOURS

Aller : le *Vendredi* (1), le *Samedi* ou le *Dimanche*. **Retour** : le *Dimanche* ou le *Lundi seulement*

De PARIS aux Gares suivantes :	1re cl.	2e cl.	De PARIS aux Gares suivantes :	1re cl.	2e cl.
DIEPPE (Pourville, Puys, Berneval, Criel.	27 »	20 »	BAYEUX (Arromanches, Port-en-Bessin, Saint-Laurent-sur-Mer, Asnelles)	36 »	27 »
LE TREPORT (Mers). EU (Le Bourg d'Ault, Onival).	30 »	21 »	ISIGNY-SUR-MER (Grandcamp-les-Bains, Ste-Marie-du-Mont.	40 »	30 »
CANY (Veulettes, Les Petites-Dalles)			MONTEBOURG et VALOGNES (Quiné-ville, St-Vaast-la-Hougue (parcours par le *chemin départemental* de MONTEBOURG et VALOGNES à BARFLEUR, non compris dans le prix du billet)	45 »	34 »
SAINT-VALERY-EN-CAUX (Veules).			CHERBOURG.	50 »	37 »
LE HAVRE (Sainte-Adresse, Bruneval)			PORT-BAIL et CARTERET.	50 »	37 »
LES IFS (Etretat, Vaucottes-sur-Mer, Bruneval).			COUTANCES (Agon, Coutainville, Regnéville).	50 »	37 »
FÉCAMP (Yport, Etretat, Vaucottes-sur-Mer, Bruneval, Les Petites-Dalles, Les Grandes-Dalles, Saint-Pierre-en-Port).	30 »	22 »	GRANVILLE (Donville, Saint-Pair, Bouillon-Jullouville, Carolles, St-Jean-le-Thomas)	45 »	34 »
TROUVILLE-DEAUVILLE (Villerville)					
VILLERS-SUR-MER					
HONFLEUR.			**EAUX THERMALES**		
CAEN.					
CABOURG (Le Home-Varaville).					
DIVES.	33 »	24 »			
BEUZEVAL (Houlgate).			FORGES-LES-EAUX (Seine-Inférieure) ligne de Dieppe par Gournay	19 »	14 »
LUC (Lion-sur-Mer) LANGRUNE, SAINT-AUBIN. [Prix pour le parcours total]	34 »	25 »	BAGNOLES de l'Orne, par Briouze.	40 »	30 »
BERNIERES	35 »	26 »			
COURSEULLES Vers-Mer					

(1) Exceptionnellement, ces billets sont valables le Jeudi par les trains partant de Paris dès 6 h. 30 du soir

2° Billets d'Aller et Retour individuels VALABLES PENDANT 33 JOURS
(Jour de la délivrance non compris)

De PARIS aux Gares suivantes :	1re cl.	2e cl.	De PARIS aux Gares suivantes :	1re cl.	2e cl.
BAYEUX.			LAMBALLE (Pléneuf, Le Val-André, Erquy, La Garde-St-Cast, Saint-Jacut-de-la-Mer, (par la gare de Plancoët).	59 40	40 10
ISIGNY-SUR-MER			SAINT-BRIEUC (Portrieux, Saint-Quay.	62 10	41 90
MONTEBOURG et VALOGNES			LANNION (Perros-Guirec)	71 90	48 55
CHERBOURG	56 »	37 80	MORLAIX (Saint-Jean-du-Doigt).	73 90	49 90
PORT-BAIL et CARTERET.			St-POL-DE-LEON.	76 90	51 90
COUTANCES.			ROSCOFF (Ile de Batz).	77 70	52 45
GRANVILLE.			BREST.	82 »	55 35
St-MALO-St-SERVAN (Paramé Rothéneuf, Cancale (par la gare de la Gouesnière-Cancale).			St-NAZAIRE.	59 70	40 30
DINARD (Saint-Énogat, Saint-Lunaire, Saint-Briac, Lancieux).					

Nota. — *Les Prix ci-dessus ne s'appliquent qu'au parcours de chemin de fer.*

Les Billet de PARIS au HAVRE sont admis, au retour, par HONFLEUR, TROUVILLE-DEAUVILLE, ou CAEN, ceux de PARIS à HONFLEUR, TROUVILLE-DEAUVILLE et CAEN sont, admis au retour, par LE HAVRE, la traversée entre LE HAVRE et ces points étant à la charge du voyageur.
Les Billets de PARIS à BEUZEVAL, DIVES et CABOURG sont valables indifféremment *via* PONT-L'ÉVEQUE ou MÉZIDON. — Les Billets de PARIS à SAINT-MALO-SAINT-SERVAN et DINARD sont indifféremment acceptés, au retour, par l'un ou l'autre de ces deux derniers points.

CHEMINS DE FER DE L'OUEST ET DU LONDON BRIGHTON

SERVICE DE PARIS A **LONDRES** Par ROUEN, DIEPPE et NEWHAVEN

En **9 Heures 1/2** par Service de **Jour** | En **11 Heures** par Service de **Nuit**

SERVICES A HEURES FIXES TOUTE L'ANNÉE :

Départs de **Paris-Saint-Lazare** à 9 h. du matin et à 8 h. 50 du soir.

Billets simples, *valables pendant 7 jours* | **Billets d'aller et retour**, valab. p. **un mois**

1re CLASSE	2e CLASSE	3e CLASSE	1re CLASSE	2e CLASSE	3e CLASSE
41 fr. **25**	**30** fr. »	**21** fr. **25**	**68** fr. **75**	**48** fr. **75**	**37** fr. **50**

Plus **2** fr. par billet, pour droits de port à Dieppe et à Newhaven.	Plus **4** fr. par billet, pour droits de port à Dieppe et à Newhaven.

CHEMINS DE FER DE L'ÉTAT

BAINS DE MER DE L'OCÉAN

A. Au départ de **Paris** : Billets d'aller et retour valables pendant 33 jours (1) délivrés du 1er Mai au 31 Octobre.

PRIX ALLER ET RETOUR	SECTION I			SECTION II		
	1re cl.	2e cl.	3e cl.	1re cl.	2e cl.	3e cl.
De Paris (Montparnasse ou Austerlitz) à...	fr. c.	fr. c.	fr. c.	fr. c.	fr. c.	fr. c.
Royan	71 30	52 40	38 15	80 65	61 20	43 60
La Tremblade	74 25	54 20	39 »	83 80	63 30	44 55
Le Chapus	67 20	49 10	35 »	77 05	58 20	40 »
Le Château (île d'Oléron)	68 70	50 60	36 20	78 55	59 70	41 20
Marennes	66 25	48 35	34 50	76 10	57 50	39 45
Fouras	63 90	46 50	33 25	73 75	55 75	38 »
Châtelaillon	62 35	46 15	32 50	71 95	55 25	37 10
La Rochelle	61 10	45 10	31 85	70 50	54 20	36 40
Les Sables-d'Olonne	62 60	46 35	32 60	72 25	57 05	37 30
Saint-Gilles-Croix-de-Vie	64 55	46 55	32 70	74 50	57 30	37 35
De Paris (Montparnasse ou Saint-Lazare) à						
Challans	63 35	44 65	31 35	»	»	»
Bourgneuf	58 50	42 90	30 10	»	»	»
Les Moutiers	58 50	43 30	30 40	»	»	»
La Bernerie	58 50	43 55	30 60	»	»	»
Pornic	58 80	44 30	31 15	»	»	»
Saint-Père-en-Retz	58 5	43 30	30 65	»	»	»
Paimbœuf (2)	59 05	43 30	30 80	»	»	»

CONDITIONS. — SECTION I : les billets délivrés aux prix de cette section ne sont valables que pour les destinations qu'ils indiquent et ne donnent pas le droit de s'arrêter dans les gares intermédiaires.

SECTION II : Les billets délivrés aux prix de cette section donnent, tant à l'aller qu'au retour, le droit de s'arrêter aux gares intermédiaires entre Chartres ou Tours d'une part et les stations balnéaires ci-dessus désignées d'autre part.

1. La validité des billets de bains de mer peut être prolongée de 20, 40 ou 60 jours, moyennant le payement d'un supplément de 10, 20 ou 30 p. 0/0. — Ces prolongations ne peuvent être obtenues que si elles sont demandées avant l'échéance des billets.

2. Les porteurs de billets pour Paimbœuf peuvent, soit à l'aller, soit au retour, faire le trajet de Nantes à Paimbœuf dans les bateaux de la Compagnie de navigation de la Basse-Loire.

CHEMINS DE FER DE L'ÉTAT (*Suite*).

B. Au départ de toutes les autres gares du réseau de l'État.

(Paris excepté)

(Prix réduits. — Valables 33 jours (1). — Délivrés du 1er mai au 31 octobre) pour ROYAN, LA TREMBLADE (RONCE-LES-BAINS), LE CHAPUS, LE CHATEAU (ILE D'OLÉRON), MARENNES, FOURAS, CHATELAILLON, LA ROCHELLE, LES SABLES-D'OLONNE, SAINT-GILLES-CROIX-DE-VIE, CHALLANS (ILE DE NOIRMOUTIER, ILE D'YEU, SAINT-JEAN-DE-MONTS), BOURGNEUF (ILE DE NOIRMOUTIER), LES MOUTIERS, LA BERNERIE, PORNIC, SAINT-PÈRE EN RETZ, PAIMBŒUF (SAINT-BREVIN-L'OCÉAN).

Ces billets donnent, tant à l'aller qu'au retour, le droit de s'arrêter à toutes les gares intermédiaires, en se conformant aux conditions inscrites sur les billets.

Billets d'aller et de retour de toute gare à toute gare.

Il est délivré, tous les jours, par toutes les gares, stations et haltes du réseau de l'État et pour tous les parcours sur ce réseau, des billets d'aller et retour à prix réduits.

Pour les relations entre Paris et une gare quelconque, la réduction est de 25 °/° en 1re classe et de 20 °/° en 2e et en 3e classe. Entre deux [gares [du réseau de l'État autres que Paris, la réduction est de 30 °/° jusqu'à 100 kilomètres ; elle croît ensuite d'une manière continue et atteint 40 °/° à 300 kilomètres et au-delà.

Pour les relations qui, par le jeu des prix exceptionnels, bénéficient d'abaissements sur les prix des billets simples, les prix des billets d'aller et retour sont calculés en appliquant le taux de réduction afférent à la distance qui correspond aux prix des billets simples d'après les barèmes kilométriques.

Les coupons de retour sont valables : 1° pour les trajets jusqu'à 100 kilomètres, le jour de l'émission, le lendemain et le surlendemain jusqu'à minuit ; 2° pour les trajets de plus de 100 kilomètres, un jour de plus par 100 kilomètres ou fraction de 100 kilomètres.

La durée de validité des billets d'aller et retour peut, à deux reprises, être prolongée de moitié (les fractions de jour comptant pour un jour) moyennant le paiement, pour chaque prolongation, d'un supplément égal à 10 °/° du prix du billet. Toute demande de prolongation doit être faite et le supplément payé avant l'expiration de la période pour laquelle la prolongation est demandée.

Si le délai de validité primitive ou prolongée d'un billet d'aller et retour expire un dimanche ou un jour de fête, ce délai est augmenté de 24 heures ; il est augmenté de 48 heures si le jour où il expire est un dimanche suivi d'un jour de fête, ou un jour de fête suivi d'un dimanche.

(*Pour les autres conditions, voir le tarif spécial G. V. n° 2*).

CHEMIN DE FER DE PARIS A ORLÉANS

EXCURSIONS EN TOURAINE, AUX CHATEAUX DES BORDS DE LA LOIRE
ET AUX STATIONS BALNÉAIRES
de la ligne de SAINT-NAZAIRE au CROISIC et à GUÉRANDE

1er *Parcours.* — **Durée : 30 jours.** (*) PRIX DES BILLETS : 1re cl. **86** fr. — 2e cl. **63** fr.
PARIS. — ORLÉANS. — BLOIS. — AMBOISE. — TOURS.— CHENONCEAUX et retour à TOURS.— LOCHES et retour à TOURS. — LANGEAIS. — SAUMUR. — ANGERS. — NANTES. - SAINT-NAZAIRE. — LE CROISIC. — GUÉRANDE. — ANGERS et retour à PARIS, *viâ Blois* ou *Vendôme.* ou *viâ Chartres* sans arrêt sur le réseau de l'Ouest.

2e *Parcours.* — **Durée : 15 jours.** — PRIX DES BILLETS : 1re cl. **54** fr. 2e cl. **41** fr.
PARIS. — ORLÉANS. — BLOIS. — AMBOISE. — TOURS. — CHENONCEAUX et retour à TOURS. LOCHES et retour à TOURS.— LANGEAIS et retour à PARIS, *viâ Blois* ou *Vendôme.*

Les voyageurs porteurs de billets du premier parcours auront la faculté d'effectuer sans supplément de prix, soit à l'aller, soit au retour, le trajet entre NANTES et SAINT-NAZAIRE dans les bateaux de la Compagnie de la Basse-Loire.

CES BILLETS SONT DÉLIVRÉS TOUTE L'ANNÉE

BAINS DE MER DE L'OCÉAN ET PLAGES DE LA BRETAGNE
BILLETS D'ALLER ET RETOUR A PRIX TRÈS RÉDUITS

1o **Du 1er Mai au 31 Octobre,** il est délivré des *billets aller et retour* de toutes classes, valables pendant 33 jours, par toutes les gares du réseau pour les stations balnéaires ci-après :

Saint-Nazaire.	Guérande.	en-Mer).	Quimper (Benodet).
Pornichet.	Vannes(P.-Navalo,St-	Lorient (Port-Louis,	Pont-l'Abbé (Langoz,
Escoublac-la-Baule.	Gild-de-Ruiz).	Larmor.)	Loctudy).
Le Pouliguen.	Plouharnel-Carnac.	Quimperlé (Pouldu).	Douarnenez.
Batz.	St-Pierre-Quiberon.	Concarneau (Foues-	Châteaulin (Pentrey,
Le Croisic.	Quiberon (Belle-Isle-	nant, Beg-Meil).	Crozon, Morgat).

2o **Du 1er Mai au 31 Octobre,** il est délivré des billets de voyage d'excursion aux plages de la Bretagne, valables pendant 30 jours au prix de 45 francs en 1re classe et de 36 francs en 2e classe, aller et retour compris, comportant le parcours ci-après :

Le Croisic. — Guérande. — Saint-Nazaire. — Savenay. — Questemberg. — Ploërmel. — Vannes. — Auray. — Pontivy. — Quiberon. — Lorient. — Quimperlé. — Rosporden. — Concarneau. — Quimper. — Douarnenez. — Pont-l'Abbé. — Châteaulin.

SAISON THERMALE DE 1892

LE MONT-DORE, LA BOURBOULE, ROYAT
NÉRIS-LES-BAINS, ÉVAUX-LES-BAINS

Service direct de jour et de nuit, du 8 Juin au 20 septembre inclus, entre PARIS et la gare de LAQUEUILLE, par VIERZON, MONTLUÇON et EYGURANDE, desservant par la voie la plus directe et le trajet le plus rapide les stations thermales du MONT-DORE et de la BOURBOULE.

Ces trains comprennent des voitures de toutes classes et, habituellement, des wagons à lits-toilette, au départ de PARIS et de LAQUEUILLE.

Durée du trajet, parcours de terre compris, 11 heures à l'aller et au retour.

Prix des places, y compris le trajet dans le service de correspondance de LAQUEUILLE au MONT-DORE et à BOURBOULE, et *vice versâ.*

1re classe : 53 fr. 90 — 2e classe : 36 fr. 85 — 3e classe : 23 fr. 75

Billets d'Aller et Retour de Famille pour les stations thermales de

Chamblet-Néris(**NÉRIS**), Evaux, Moulins(**BOURBON-L'ARCHAMBAULT**), Laqueuille (**LA BOURBOULE** et le **MONT-DORE**), **ROYAT**

RÉDUCTION DE 50 0/0 pour chaque membre de la famille en plus du troisieme.

Il est délivré, du **15 Mai** au **15 Septembre,** dans toutes les gares du réseau, sous condition d'effectuer un parcours minimum de 300 kilomètres (aller et retour compris), aux familles d'au moins quatre personnes payant place entière et voyageant ensemble, des **Billets d'Aller et Retour collectifs** de 1re, 2e, et 3e classes pour les stations ci-dessus indiquées.

Les billets sont établis par l'itinéraire à la convenance du public ; l'itinéraire peut n'être pas le même à l'Aller et au Retour.

DURÉE DE VALIDITÉ : 30 JOURS (non compris le jour du départ)

Pendant la même période, des billets de même nature sont délivrés à toutes les gares du réseau pour les stations thermales du réseau de Lyon dénommées au tarif commun. G. V. no 106

** La durée de validité de ces billets peut-être prolongée d'une, deux ou trois périodes successives de 10 jours, moyennant payement pour chaque période d'un supplément égal à 10 p. 100 du prix du billet.*

CHEMIN DE FER DE PARIS A ORLÉANS (suite)

BILLETS D'ALLER ET RETOUR

RÉDUITS DE **25 0/0** EN 1re CLASSE ET DE **20 0/0** EN 2e ET 3e CLASSES

POUR ROYAT ET LAQUEUILLE

PERMETTANT DE VISITER LE MONT-DORE ET LA BOURBOULE

DURÉE DE VALIDITE : 10 JOURS (non compris les jours de départ et d'arrivée)

Cette durée peut être prolongée de cinq jours, moyennant paiement d'un supplément de 10 0/0 du prix du billet.

Ces billets sont délivrés du **1er Juin** au **30 Septembre** à toutes les gares du réseau d'Orléans.

AVIS. — Les Voyageurs obtiennent, sur leur demande, soit à la gare de départ, soit au bureau du Correspondant de la Compagnie à **Laqueuille**, des billets d'aller et retour réduits de 25 0/0 pour le **Mont-Dore** et **La Bourboule**.

Billets d'ALLER et RETOUR à prix réduits valables pendant trois jours
Du MONT-DORE et de LA BOURBOULE à ROYAT et CLERMONT-FERRAND *et vice versâ*

EXCURSIONS EN AUVERGNE ET DANS LE LIMOUSIN
PERMETTANT DE VISITER
LE MONT-DORE, — LA BOURBOULE, — ROYAT, — CLERMONT-FERRAND, — NÉRIS ET ÉVAUX
Avec arrêt facultatif à toutes les gares du parcours

La Compagnie d'Orléans délivre, du **1er Juin** au **30 Septembre**, des billets d'EXCURSION EN AUVERGNE et dans le LIMOUSIN, valables pendant 30 jours, au départ de PARIS, ORLÉANS, BLOIS, TOURS, LE MANS, ANGERS et NANTES, ainsi qu'aux gares et stations intermédiaires, aux prix réduits ci-après :

STATIONS	1re cl.	2e cl.	STATIONS	1re cl.	2e cl.
	fr. c.	fr. c.		fr. c.	fr. c.
PARIS.	98 »	73 »	TOURS.	91 »	68 »
NANTES.	113 »	87 »	BLOIS.	86 »	64 »
ANGERS.	105 »	79 »	ORLEANS.	86 »	64 »
LE MANS.	103 »	77 »			

ITINÉRAIRE

1o Le parcours entre le point de départ et VIERZON, et *vice versâ*,

2o VIERZON, BOURGES, MONTLUÇON, CHAMBLET-NÉRIS. (Bains de Néris), ÉVAUX (Bains d'Évaux), EYGURANDE, LAQUEUILLE (Bains du Mont-Dore et de la Bourboule), ROYAT (Bains de Royat), CLERMONT-FERRAND, LARGNAC, USSEL, LIMOGES (par TULLE, BRIVE et SAINT-YRIEIX, ou par ÉYMOUTIERS), VIERZON.

STATIONS THERMALES ET BALNÉAIRES DES PYRÉNÉES
Billets de Famille

Des billets de famille comportant une réduction de 25 à 40 0/0 suivant le nombre des personnes, sont délivrés à toutes les gares du réseau pour les stations balnéaires et thermales du Midi, ci-après désignées :

Alet, Arcachon, Argelès-Gazost, Ax-les-Thermes, Bagnères-de-Bigorre, Bagnères-de-Luchon, Banyuls-sur-Mer, Blarritz, Cambo-Ville, Capvern, Céret (Amélie-les-Bains, La Preste, etc.), Couiza-Montazels, Dax, Guéthary (halte), Hendaye, Lamalou-les-Bains, Laruns-Eaux-Bonnes, Oloron-Sainte-Marie Pau, Pierrfitte-Nestalas, Prades (Le Vernet et Molitg), Saint-Girons, Saint-Jean-de-Luz, Saint-Flour (Chaudes-Aigues), Salies-de-Béarn, Salies-du-Salat et Ussat-les-Bains.

La durée de validité des billets de famille est de 33 jours, non compris les jours de départ et d'arrivée.

Relations entre PARIS (Gare d'Orléans) et les stations thermales et balnéaires des PYRÉNÉES
Durée de trajet par trains express

DE PARIS A :				
Luchon, par Toulouse,	en **18** h. environ	Laruns	par Bordeaux en **16** h. environ.
Bagnères-de-Bigorre, p. Bordeaux	en **15** h. 1/2.	Salies-de-Béarn	» en **14** h.
Pierrefitte,	» en **16** h.	Arcachon	» en **10** h. 3/4.
Pau,	» en **14** h. 1/2.	Biarritz	» en **14** h.
		Saint-Jean-de-Luz,	» en **14** h. 1/2

CHEMINS DE FER
DE PARIS A LYON ET A LA MÉDITERRANÉE

BILLETS D'ALLER ET RETOUR DE BAINS DE MER

Sur le réseau P.-L.-M., il est délivré dans toutes les gares, du 1er juin au 15 septembre de chaque année, des billets d'aller et retour de bains de mer individuels et de famille à *prix réduits* pour les stations balnéaires suivantes : Aigues-Mortes, Antibes, Bandol, Beaulieu, Cannes, Hyères, La Ciotat, La Seyne-Tamaris-sur-Mer, Menton, Monaco, Monte-Carlo, Montpellier, Nice, Saint-Raphaël, Toulon et Villefranche-sur-Mer. Ces billets, valables 33 jours, doivent comporter un parcours minimum de 300 kilomètres aller et retour. Réductions importantes atteignant jusqu'à 50 % pour les billets de famille. Arrêts facultatifs. Faculté de prolongation d'une ou plusieurs périodes de 15 jours, moyennant 10 % de supplément pour chaque prolongation.

BILLETS D'ALLER ET RETOUR DE VILLE D'EAUX COLLECTIFS

Il est délivré dans toutes les gares du réseau P.-L.-M., du 15 mai au 15 septembre, sous condition d'effectuer un parcours minimum de 300 kilomètres, aller et retour, aux familles d'au moins quatre personnes payant place entière et voyageant ensemble, des billets d'aller et retour collectifs, pour les stations suivantes : Aix, Aix-les-Bains, Albertville, Bourbon-Lancy, Carpentras, Cette, Chambéry, Charbonnières, Clermont-Ferrand, Cluses, Coudes, Digne, Euzet-les-Bains, Évian-les-Bains, Genève, Gières-Uriage, Goncelin-Allevard, Groisy-le-Plot-la-Caille, La Bastide, Saint-Laurent-les-Bains, Lépin-Lac-d'Aiguebelette, Le Vigan, Manosque, Montélimar, Montpellier, Montrond, Moulins, Pougues, Riom, Ris-Chateldon, Roanne, Sail-sous-Couzan, Saint-Georges-de-Commiers, Saint-Julien-de-Cassagnas, Saint-Martin-d'Estréaux, Salins, Santenay, Sauve, Thonon-les-Bains, Vals-les-Bains-la-Bégude, Vandenesse-Saint-Honoré-les-Bains, Vichy, Villefort. Le prix s'obtient en ajoutant au prix de six billets simples ordinaires, le prix d'un de ces billets pour chaque membre de la famille en plus de trois. Les trois premières personnes payent donc le plein tarif et la quatrième et les suivantes le demi-tarif. Validité : 30 jours, avec faculté de prolongation de 15 jours, moyennant 10 % pour chaque prolongation.

EXCURSIONS À CHAMONIX (MONT-BLANC)

Il est délivré à Paris, pendant toute l'année, à des prix réduits, des billets d'aller et retour pour Chamonix (viâ Cluses) donnant aux voyageurs la faculté de s'arrêter à toutes les gares situées sur le parcours : 1re classe 127 fr. 05; 2e classe 95 fr. 40; 3e classe 67 fr. 05. Validité : 15 jours.

Il est délivré, en outre, pendant la saison d'été, aux gares de Genève, Évian-les-Bains, Annecy, Chambéry, Albertville, des billets de voyages circulaires, à prix réduits, permettant de se rendre à Chamonix, et de visiter en même temps une partie plus ou moins grande de la région alpestre.

EXCURSIONS EN ITALIE

Billets d'aller et retour de Paris à Turin, à Milan et à Venise, viâ Mont-Cenis, ou réciproquement, valables 30 jours : 1re classe 147 fr. 60; 2e classe 106 fr. 10 de Paris à Turin — 1re cl. 166 fr. 35; 2e classe 119 fr. de Paris à Milan — 1re classe 216 fr. 35; 2e classe 154 fr. de Paris à Venise — Franchise de 30 kilogrammes de bagages sur les parcours P.-L.-M. — Arrêts facultatifs sur tout le parcours. La durée de

validité des billets d'aller et retour Paris-Turin est portée gratuitement à 60 jours, lorsque le voyageur justifie avoir pris à Turin un billet de voyage circulaire intérieur italien; ces mêmes billets peuvent encore être prolongés d'une période unique de 15 jours moyennant le paiement le 14 fr. 75 en 1re classe et de 10 fr. 60 en 2e classe.

EXCURSIONS EN SUISSE

Billets d'aller et retour de Paris à Berne et à Interlaken, viâ Dijon, Pontarlier, Neuchâtel ou réciproquement, valables pendant 60 jours, de Paris à Berne : 1re classe 102 fr.; 2e classe 76 fr.; 3e classe 56 fr. — De Paris à Interlaken : 1re classe 114 fr.; 2e classe 86 fr.; 3e classe 62 fr. — Franchise de 30 kilogrammes de bagages sur le réseau P.-L.-M. — Arrêts facultatifs, sur tout le parcours. Ces billets sont délivrés, du 15 avril au 15 octobre, à la gare de Paris-Lyon et dans les bureaux succursales et agences de la Compagnie P.-L.-M.

BILLETS DE VOYAGES CIRCULAIRES A ITINÉRAIRES FIXES de 1re et 2e classe, à prix réduits, pour excursions en France, en Algérie, en Tunisie, en Italie, en Suisse, en Autriche et en Espagne. — Arrêts facultatifs. — Combinaisons très variées. — Délivrance permanente des billets. Consulter le Livret-Guide de la Compagnie P.-L.-M., vendu 0 fr. 30 dans toutes les gares du réseau.

BILLETS INDIVIDUELS ET BILLETS DE FAMILLE DE VOYAGES CIRCULAIRES ITINÉRAIRES TRACÉS PAR LES VOYAGEURS EUX-MÊMES, 1re, 2e et 3e classe, pour excursions sur le réseau P.-L.-M. Validité : 30, 45 ou 60 jours. Faculté de prolongation. Réductions importantes. Arrêts facultatifs. Délivrance permanente des billets dans toutes les gares du réseau. Demander les billets 5 jours à l'avance. Consulter le Livret-Guide de la Compagnie P.-L.-M. vendu 0 fr. 30 dans toutes les gares du réseau.

BILLETS D'ALLER ET RETOUR

Sur le réseau P.-L.-M., il est délivré toute l'année des billets d'aller et retour en 1re, 2e et 3e classe savoir : 1o de Paris à toutes les gares du réseau et réciproquement; 2o de ou pour les gares de Lyon et les gares de Marseille, y compris la Blancarde, dans un rayon de 600 kilomètres; 3o de ou pour la gare de Saint-Étienne dans un rayon de 300 kilomètres; 4o de ou pour les gares des chefs-lieux de département et villes assimilées dans un rayon de 150 kilomètres; 5o de ou pour les gares des chefs-lieux d'arrondissement et villes assimilées dans un rayon de 75 kilomètres; 6o de toutes les gares du réseau pour Paray-le-Monial, sans réciprocité. La durée de validité de ces billets est fixée comme suit : jusqu'à 200 kilomètres, 2 jours ; de 201 jusqu'à 300, 3 jours; de 301 jusqu'à 400, 4 jours ; de 401 jusqu'à 500, 5 jours; de 501 jusqu'à 700, 6 jours; de 701 jusqu'à 900, 7 jours ; au-delà de 900 kilomètres 8 jours. La durée de validité de ces billets peut-être, à deux reprises, prolongée de moitié, moyennant le paiement, pour chaque prolongation, d'un supplément égal à 10 % du prix du billet.

EXCURSIONS AU MONT-ROSE

Service direct entre Paris et Zermatt (Mont-Rose, viâ Dijon, Pontarlier, Lausanne). Trajet rapide en 20 heures. — Départ de Paris : 7 heures 50 soir, arrivée à Zermatt à 4 h. 25 soir. 1re classe 88 fr. 75; 2e classe 65 fr. 65; 3e classe 43 fr. 20. Consulter les prospectus détaillés distribués gratuitement dans les principales gares du réseau P.-L.-M.

MOUVEMENT DES MARÉES — AOUT 1892

Les jours décroissent de 43 minutes le matin et de 55 minutes le soir.

P. L. le 3, à 0 h. 7 soir ; D. Q. le 15, à 6 h. 47 mat. ; N. L. le 22, à 11 h. 8 mat. ; P. Q. le 30 à 1 h. 38 soir

	PLEINES MERS								BASSES MERS							
	LE HAVRE		SAINT-MALO				LE HAVRE				SAINT-MALO			
Dates	MATIN		SOIR		MATIN		SOIR		MATIN		SOIR		MATIN		SOIR	
	h. m.	m.c.	h. m.	m.c.	h. m.	m. c.	h. m.	m. c.	h. m.	m.c.	h. m.	m.c.	u. m.	m. c.	h. m.	m.c.
1 L	2.38	6,50	3. 7	6,30	11.28	9,15	11.51	9,10	9.48	2,45	10.12	2,70	5.49	4,15	6.14	4,50
2 M	3.39	6,25	4.13	6,10	». »	», »	».18	8,75	10.40	2,70	11.12	2,85	6.42	4,60	7.14	4,80
3 M	4.51	6,05	5.31	6,10	».51	8,70	1.30	8,75	11.48	2,85	». »	», »	7.55	4,80	8.36	4,80
4 J	6. 6	6,15	6.40	6,30	2.12	8,80	2.55	9,20	».27	2,85	1. 6	2,75	9.17	4,60	9.57	4,45
5 V	7. 6	6,40	7.30	6,60	3.34	9,35	4. 9	9,85	1.43	2,60	2.16	2,45	10.30	4,15	11. 2	3,85
6 S	7.51	6,70	8.12	7,00	4.39	9,95	5. 6	10,55	2.46	2,25	3.13	2,10	11.31	3,55	11.57	3,10
7 D	8.32	7,00	8.51	7,30	5.31	10,55	5.53	11,30	3.40	1,85	4. 6	1,75	». »	»' »	».23	2,85
8 L	9.10	7,35	9.29	7,55	6.15	11,20	6.35	11,85	4.30	1,50	4.54	1,40	».45	2,40	1. 8	2,20
9 M	9.47	7,50	10. 6	7,70	6.55	11,75	7.15	12,30	5.16	1,15	5.38	1,15	1.30	1,80	1.52	1,80
10 M	10.27	7,65	10.47	7,80	7.35	12,15	7.54	12,55	5.58	0,90	6.18	0,95	2.10	1,35	2.31	1,45
11 J	11. 7	7,70	11.27	7,80	8.14	12,35	8.32	12,70	6.37	0,80	6.55	0,90	2.50	1,15	3. 8	1,30
12 V	11.49	7,65	». »	», »	8.52	12,35	9.12	12,40	7.13	0,80	7.33	0,95	3.28	1,15	3.45	1,45
13 S	».11	7,75	».35	7,55	9.31	12,00	9.51	11,90	7.52	0,95	8.10	1,15	4. 2	1,35	4.20	1,80
14 D	».59	7,55	1.25	7,35	10.12	11,40	10.34	11,14	8.30	1,20	8.51	1,50	4.39	1,90	4.57	2,40
15 L	1.53	7,30	2.23	7,00	10.57	10,60	11.20	10,10	9.12	1,65	9.37	1,95	5.16	2,65	5.41	3,25
16 M	2.56	6,85	3.33	6,65	11.47	9,65	». »	», »	10. 5	2,10	10.38	2,30	6. 6	3,55	6.39	3,90
17 M	4.15	6,55	5. »	6,50	».19	9,30	».59	9,30	11.17	2,45	». »	», »	7.21	4,15	8. 9	4,20
18 J	5.46	6,45	6.27	6,60	1.47	9,20	2.38	9,50	». 1	2,50	».47	2,45	8.54	4,15	9.45	3,90
19 V	7. 1	6,65	7.29	6,90	3.27	9,70	4. 8	10,20	1.32	2,30	2.13	2,20	10.26	3,75	11. 4	3,35
20 S	7.55	6,90	8.18	7,25	4.43	10,35	5.14	10,90	2.47	2,00	3.18	1,85	11.36	3,10	». »	», »
21 D	8.39	7,25	8.58	7,45	5.39	10,95	6. 2	11,50	3.47	1,60	4.16	1,55	». 5	2,60	».32	2,50
22 L	9.18	7,40	9 35	7,55	6.23	11,50	6.42	12,05	4.40	1,30	5. 2	1,30	».53	2,05	1.16	2,10
23 M	9.52	7,50	10. 8	7,65	7. »	11,80	7.17	12,20	5.23	1,10	5.42	1,15	1.36	1,75	1.55	1,90
24 M	10.25	7,55	10.42	7,65	7.33	11,90	7.50	12,15	5.59	1,05	6.14	1,15	2.11	1,55	2.27	1,80
25 J	10.57	7,50	11.13	7,55	8. 4	11,85	8.19	11,90	6.29	1,05	6.44	1,20	2.43	1,65	2.57	1,90
26 V	11.28	7,40	11.44	7,45	8.33	11,65	8.48	11,70	6.58	1,15	7.11	1,35	3.14	1,80	3.26	2,15
27 S	». »	», »	0. 0	7,25	9. 2	11,25	9.17	11,25	7.25	1,35	7.40	1,60	3.39	2,20	3.52	2,60
28 D	».17	7,25	».35	7,00	9.31	10,80	9.47	10,60	7.53	1,65	8. 8	1,90	4. 5	2,75	4.18	3,15
29 L	».53	6,90	1.12	6,70	10. 3	10,15	10.20	9,85	8.22	2,05	8.39	2,25	4.32	3,45	4.47	3,85
30 M	1.35	6,55	2. »	6,35	10.39	9,50	11. »	8,90	8.57	2,45	9.17	2,70	5. 5	4,15	5.21	4,50
31 M	2.28	6,20	3. 2	6,05	11.24	8,60	11.54	8,25	9.41	2,90	10.11	3,05	5.43	4,80	6.13	510

DINARD

GRAND HOTEL DES TERRASSES

Le seul situé sur la plage même et baigné à marée haute
par les vagues.

NOUVELLEMENT CONSTRUIT

PAUL CUVELIER, Propriétaire

Confort anglais — Élégance française
ENGLISH SPOKEN. — MAN SPRICHT DEUTSCH

SERVICE HORS LIGNE. — CUISINE DE PREMIER ORDRE

Salles à manger particulières	Omnibus à tous les trains et à tous
Salons particuliers	les bateaux de Saint-Malo et de
Appartements pour familles.	Saint--Servan.

CASINO DE DINARD

OUVERT DU 1er JUILLET AU 30 SEPTEMBRE

*Salons de Lecture, Conversation, Musique, ouvrant sur une
magnifique terrasse en face la mer*

SALONS DE JEUX

Billard — Petits Chevaux — Jeux divers

THÉATRE

Ouvert du 15 Juillet au 15 Septembre

**Tous les jours, l'après-midi et le soir, Concerts, Représentation
théâtrale ou Bal. — Un orchestre et une troupe de théâtre composés
des meilleurs éléments artistiques, sont attachés au Casino.**

BALS D'ENFANTS — TIRS ET JEUX DE TOUTES SORTES

*Abonnements personnels et de famille, pour 8 jours, 15 jours, un mois,
2 mois ou la saison,*

Toute personne étrangère ou touriste ne séjournant pas à Dinard peut passer **une journée au Casino** et assister soit au Concert soit au Bal d'enfants.

MOUVEMENT DES MARÉES — SEPTEMBRE 1892

Les jours décroissent de 41 minutes le matin et de 1 heure 1 minute le soir.

P. L. le 6, à 9 h. 17 soir; D. Q. le 13 à 0 h. 59 soir; N. L. le 21 à 1 h. 26 matin; P. Q. le 29 a 6 h. 29 mat.

	PLEINES MERS								BASSES MERS							
	LE HAVRE		SAINT-MALO				LE HAVRE				SAINT-MALO			
Dates	MATIN		SOIR		MATIN		SOIR		MATIN		SO.R		MATIN		SOIR	
	h. m.	m.c.	h. m.	m.c.	h. m.	m. c.	h. m.	m. c.	h. m.	m.c.	h. m.	m.c.	h. m.	m. c.	h. m.	m.c.
1 J	3.43	5,90	4.32	5,95	». »	», »	».34	8,40	10.51	3,15	10.37	3,10	6.52	5,30	7.43	5,30
2 V	5.23	5,90	6. 9	6,15	1.22	8,35	2.15	8,80	». »	», »	».25	3,05	8.33	5,10	9.22	4,80
3 S	6.46	6,20	7.13	6,55	3. 4	9,05	3.44	9,65	1.12	2,85	1.51	2,65	10. 2	4,45	10.39	3,90
4 D	7.35	6,70	7.56	7,05	4.17	9,90	4.46	10,65	2.25	2,35	2.53	2,10	11.11	3,55	11.36	2,95
5 L	8.16	7,15	8.35	7,45	5.10	10,80	5.34	11,55	3.18	1,80	3.43	1,60	». »	». »	». 2	2,55
6 M	8.52	7,50	9.10	7,75	5.55	11,60	6.15	12,35	4. 8	1,25	4.31	1,15	».25	1,95	».47	1,80
7 M	9.29	7,75	9.47	7,95	6.35	12,35	6,54	12,90	4.54	0,85	5.15	0,80	1. 8	1,20	1.30	1,15
8 J	10. 4	7,95	10.24	8,05	7.13	12,75	7.32	13,25	5.37	0,60	5.56	0,60	1.49	0,70	2. 9	0,80
9 V	10.43	8,00	11. 3	8,05	7.51	13,00	8.10	13,20	6.14	0,45	6.33	0,55	2.27	0,45	2.46	0,70
10 S	11.23	7,90	11.43	7,90	8.29	12,80	8.47	12,80	6.51	0,55	7. 8	0,70	3. 6	0,60	3.23	0,95
11 D	». »	», »	». 4	7,70	9. 6	12,30	9.26	12,05	7.27	0,80	7.46	1,05	3.41	1,15	3.57	1,65
12 L	».28	7,60	».53	7,40	9.47	11,50	10. 8	11,05	8. 6	1,25	8.26	1,55	4.17	1,95	4.35	2,55
13 M	1.20	7,30	1.52	6,90	10.33	10,50	10,59	9,85	8.48	1,85	9.13	2,15	4.56	3,05	5.18	3,60
14 M	2.26	6,65	3. 7	6,45	11.28	9,50	». »	», »	9.43	2,50	10.20	2,70	5.44	4,20	6.21	4,50
15 J	3.57	6,20	4.52	6,25	». 5	8,90	».52	8,90	11. 5	2,90	11.57	2,80	7. 7	4,80	8. 5	4,70
16 V	5.46	6,20	6.29	6,50	1.47	8,70	2.42	9,10	». »	», »	».49	2,75	8.58	4,60	7.47	4,20
17 S	7. 2	6,55	7.28	6,85	3.28	9,35	4. 7	9,90	1.34	2,50	2.13	2,30	10.26	3,90	11. »	3,35
18 D	7.51	6,90	8.10	7,25	4.38	10,25	5. 4	10,80	2.43	2,00	3.11	1,90	11.29	3,15	11.52	2,55
19 L	8.28	7,25	8.44	7,45	5.26	10,95	5.45	11,40	3.35	1,60	3.58	1,55	». »	», »	».17	2,50
20 M	9. »	7,45	9.15	7,60	6. 4	11,50	6.20	11,85	4.20	1,20	4.40	1,30	».36	2,05	».54	2,10
21 M	9.30	7,55	9.44	7,65	6.36	11,80	6.51	12,10	4.57	1,05	5.15	1,10	1.12	1,65	1.29	1,75
22 J	9.58	7,60	10.11	7,65	7. 6	12,00	7.20	12,25	5.31	1,00	5.46	1,05	1.44	1,55	1.59	1,65
23 V	10.25	7,60	10.39	7,60	7.33	11,95	7.47	12,00	6. »	1,05	6.13	1,10	2.12	1,55	2.26	1,75
24 S	10.53	7,50	11. 7	7,45	8. »	11,75	8.14	11,80	6.26	1,15	6.39	1,25	2.39	1,80	2.53	2,10
25 D	11.21	7,35	11.36	7,30	8 27	11,45	8.41	11,35	6.52	1,30	7. 4	1,50	3. 5	2,15	3.20	2,50
26 L	11.52	7,15	». »	», »	8.55	11,05	9. 9	10,70	7.18	1,65	7.33	1,85	3.32	2,70	3.45	3,10
27 M	». 7	7,00	».26	6,80	9.24	10,50	9.41	10,05	7.47	2,05	8. 1	2,25	3.58	3,45	4 12	3,75
28 M	».47	6,60	1. 9	6,50	10. »	9,70	10.21	9,20	8.19	2,50	8.38	2,70	4.29	4,20	4.47	4,50
29 J	1.37	6,20	2.10	6,10	10.47	8,80	11.18	8,35	9. 1	3,00	9.31	3,10	5. 8	5,00	5.34	5,20
30 V	2.53	5,90	3.46	5,95	11.56	8,30	». »	», »	10.10	3,30	10.57	3,30	6.11	5,45	6.58	5,35

TOURS (Indre-et-Loire)

HOTEL DU COMMERCE

Place du Palais-de-Justice et rue de Bordeaux

H. LEGUAY

Belle situation — Confort — Prix modérés

OMNIBUS A TOUS LES TRAINS

APPLICATION DES THÉORIES PASTEUR

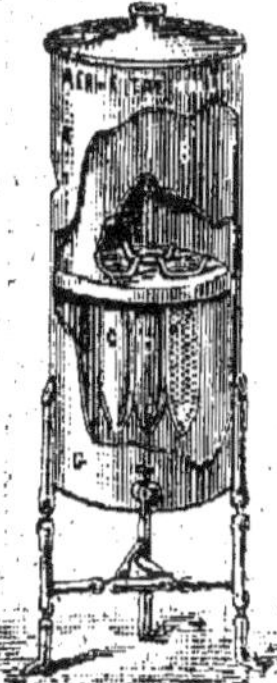

PORCELAINE D'AMIANTE

Breveté S. G. D. G.

Le meilleur filtre Stérélisateur

est le filtre en

PORCELAINE D'AMIANTE

Envoi gratuit des rapports aux Académies de Paris.

Maison MALLIÉ, 155, Faubg. Poissonnière, PARIS.

DIVES

Hostellerie de Guillaume le Conquérant

LE RÉMOIS, propriétaire

MAISON DE PREMIER ORDRE

Guides Artistiques Simons

EN VENTE CHEZ TOUS LES LIBRAIRES

et dans les Bibliothèques des Chemins de Fer

www.ingramcontent.com/pod-product-compliance
Lightning Source LLC
LaVergne TN
LVHW012315170726
843503LV00002B/682